유단자가 되는 지름길 **프로바둑강좌/고급이상** [7]

살려고 하지말고
공격하라

9단 林 海 峰 지음/프로바둑연구회 편

도서
출판 **眞華堂**

프로바둑강좌 · 고급이상 7

살려고 하지말고 공격하라

9단 林海峰 지음
프로바둑연구회 편

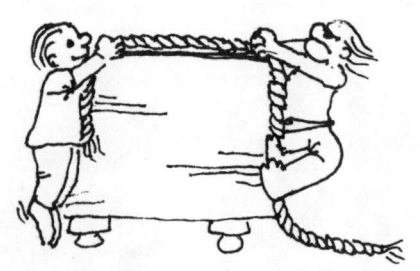

도서
출판 眞華堂

머리말

'공격은 최선의 방어 수단'이라는 병가(兵家)의 명언(名言)이 있다.

이 말은 바둑에 있어서도 그대로 적중(的中) 된다.

전쟁에 있어서 쫓기는 자는 결국 살아남을 수도 없거니와, 설혹 살아남았다고 하더라도 살아있을 가치를 지니지 못한다.

이러한 인생(人生)의 철리(哲理)는 바둑의 반상(盤上)에도 어김없이 부합된다.

바둑의 대국(対局)에 있어서 대마(大馬)가 한번 쫓기기 시작하면 혼비백산하는 경우가 많다. 쫓기는 김에 아예 멀찌감치 도망이나 치고 보자는 심사에서인지, 정신없이 줄행랑을 치는 기사(棋士)들도 더러 있다.

'호랑이에게 잡혀가도 정신만 똑똑히 차리면 살 수 있다'는 속담도 있지만, 바둑 역시 적에게 쫓겨도 정신만 바짝 차리면 역습할 수 있는 기회는 얼마든지 포착할 수 있다.

무작정 쫓기는 것만큼 어리석은 짓은 없다. 계획적인 '쫓김'이라면 몰라도, 무계획적인 쫓김은 백해무익 (百害無益)이다.

따라서 상대방에게 쫓기는 입장에 놓이게 될 때는 무작정 쫓길 것이 아니라, 상대방의 헛점을 찾아 반격함으로써 오히려 역전 (逆転)의 찬스를 잡을 수 있도록 노력해야 한다. 살려고 발버둥치지 말고, 상대방을 공격할 수 있는 수순(手順)을 찾는 길이 현명한 방법인 것이다.

이 책은 사활에 관한 문제를 다룬 바둑 가이드이다. 독자 여러분의 실력 향상에 적지않은 도움이 될 수 있을 것으로 믿어 의심치 않는다.

저자 씀

차 례 ✳

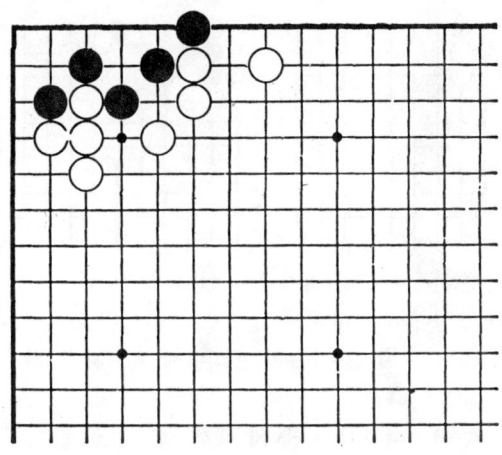

제 1 문

흑이 먼저 둘 때

언뜻 보면 상당히 어려운 문제처럼 생각되어지지만, 사실은 그다지 어려운 문제가 아니다.

수읽기의 힘을 가진 사람이라면 충분히 해답을 구할 수 있을 것이다.

이러한 문제가 실전에서 나타날 경우에는 초보자의 경우 수순을 바로 밟지 못하여 패로 만들게 되는 예가 많다. 만약 패가 만들어지게 된다면 흑으로서는 곤란하다.

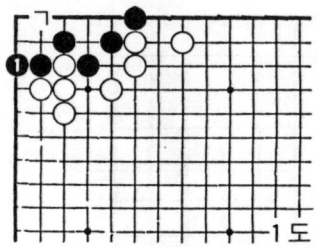
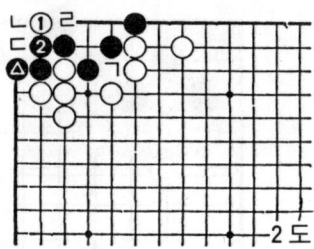

1 도 (정석) 흑 1 로 내려서는 것이 정석이다.

이러한 모양에서는 이렇게 흑 1 로 내려서는 것이 집을 만드는 일반적인 수법이다. 그리고 다음에 흑ㄱ에 두어 집을 갖추려는 의도이다.

2 도 (계속) 따라서 흑▲ 에 대해 백은 1 로 급소에 뛰어들어서 흑 2 와 교환한다. 이하 백ㄱ 일 경우 흑ㄴ, 백ㄷ, 흑ㄹ로 산다. 또 백ㄴ 일 경우에는 흑ㄱ으로 산다.

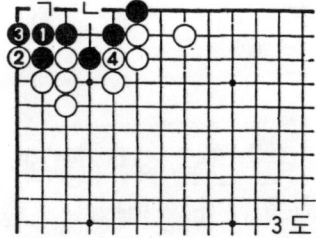
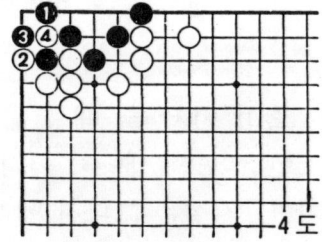

3 도 (죽음) 흑 1 로 꽉 이으면 백 2 로 젖혀두고 흑 3 으로 막으면 백 4 로 응수한다. 흑ㄱ에 두어도 백ㄴ으로 뛰어들면 흑은 하나의 집밖에 확보하지 못해 그대로 전멸하고 만다.

4 도 (패싸움) 이렇게 흑 1 로 호구벌리면 백 2 로 단수하고 흑 3 의 패로 저항하면 백 4 로 패를 따낸다. 살 수 있는 돌을 패로 만들어서는 지는 것이다.

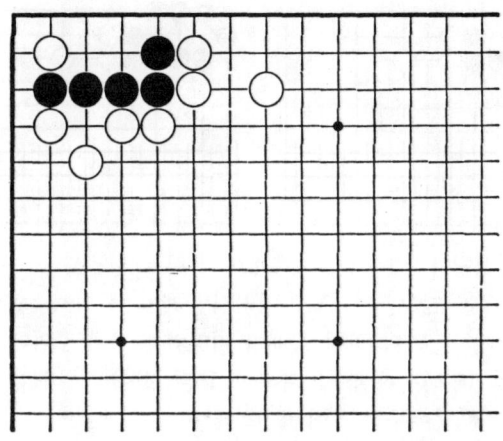

제 2 문

흑이 먼저 둘 때

흑의 궁도를 보면 그다지 넓은 편은 아니지만 그렇다고 두 집을 확보하는데 부족할 만큼 좁지도 않다.

다만 문제가 심각해지고 있는 것은 흑의 영역 안으로 뛰어들어온 백 한 점의 영향력이다. 이 백 한 점이 흑으로서는 눈 안에 든 가시일 수 밖에 없다.

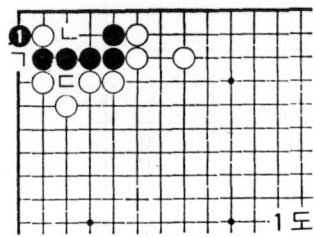 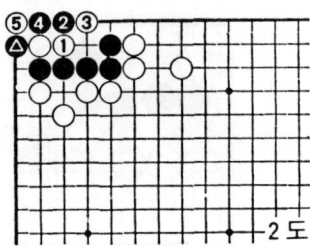

1 도 (정석) 여기서는 흑 1 이 올바르다.

젖혀두지 않고 흑ㄱ으로 내려서면 백ㄴ이 와서 곤란해진다. 여기서 ㄷ의 곳에 공배가 비었다는 점에 주의해야 한다.

2 도 (계속) 흑🔺에 대한 백 1 은 당연한 것이다. 그러면 흑 2 로 붙여두는 것이 좋은 착상이다. 백 3 으로 4 에 두면 흑 3 으로 응수하여 이것은 빅수로 산다. 그림과 같이 백 3 이라면 흑 4 로 키우고서 백 5 로 따내게 한다.

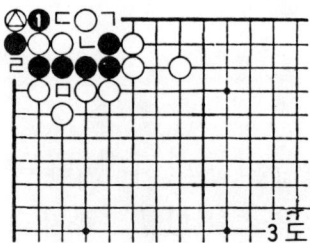 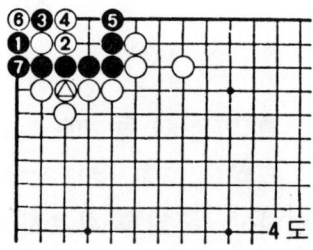

3 도 (계속) 백🔺로 흑 두점을 따냈을 경우 흑 1 로 되따낸다. 백ㄱ일때 흑ㄴ으로 받고 또 백ㄷ이라면 흑ㄱ, 백🔺, 흑ㄹ, 백ㅁ, 흑ㄴ이 되므로 흑은 살아난다

4 도 (만년패) 만약 백🔺의 곳이 그림에서처럼 메워져 있으면 여기는 흑 1, 백 2 이하 흑 7 까지 되어 만년패가 된다. 그러나 백이 이으면 빅이 된다.

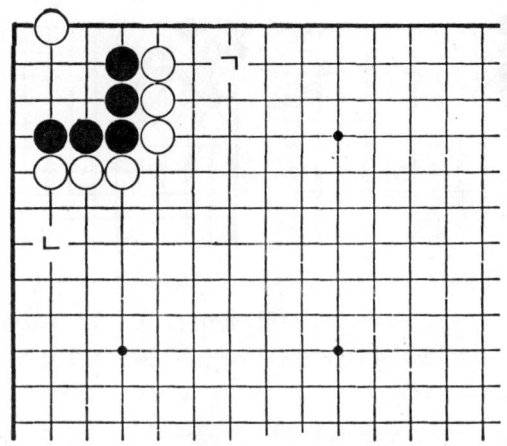

제 3 문

흑이 먼저 둘 때

귀쪽을 뛰어들어온 백 한 점이 심히 눈에 거슬리는 모양이다.

백은 수읽기를 하여 신중하게 대처하여 나가지 않으면 안된다.

현재 백은 외세가 미흡하다. ㄱ과 ㄴ에 약점을 가지고 있다. 따라서 흑은 백의 약점을 이용하여 자신의 욕심을 채우는 수 밖에 없다.

흑선으로 충분히 문제를 풀 수 있는 수순이다.

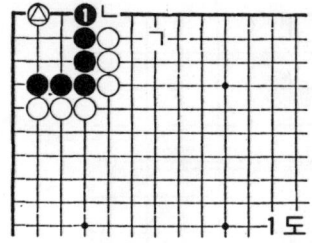

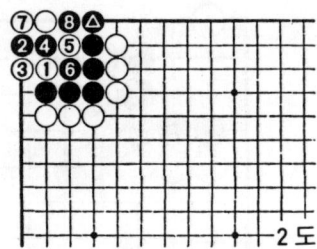

1도 (정석) 백△는 속임수가 되겠다. 하지만 응수법을 잘 알지 못하면 흑은 전멸당할 것이다. 흑1로 침착하게 내려서는 것이 올바르다. 또백ㄱ이 없을 경우 흑1로 ㄴ에 젖혀도 살 수 있다.

2도 (계속) 흑⦿에는 백1로 응수한다. 흑은 2, 4를 버린돌(捨石)로 삼고 흑6, 백7이 된다. 그때 흑8로 단수해 즐겁게 산다. 이 8로 4에 먹여치거나 하면 살지 못한다.

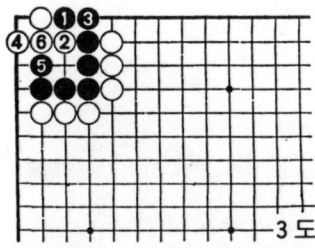

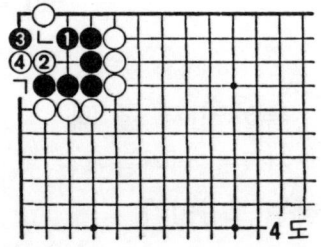

3도 (죽음) 흑1로 붙여두고 싶지만 백2, 4를 허용하면 '유가무가'가 될뿐 아니라 넉집 뛰어듦 수도 있어서 흑은 그대로 죽는다.

4도 (전멸) 흑1로 구부리는 사람도 흔히 볼수 있다. 하지만 이 방법 역시 백2, 흑3일 때에 백4를 당해 흑의 죽음이다. 흑ㄱ이라면 백ㄴ으로 응수한다.

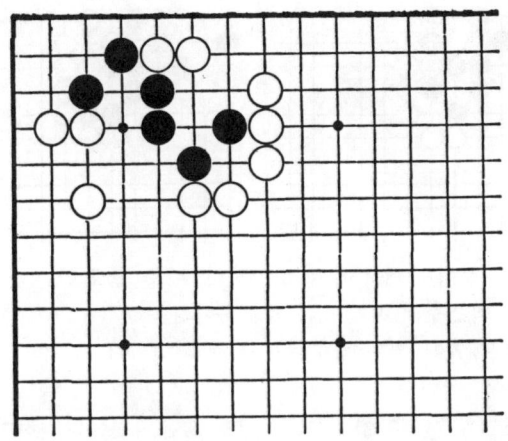

제 4 문

혹이 먼저 둘 때

언뜻 보면 백의 외세가 허술한 것처럼 보이지만 사실은 완벽한 막음이다.

혹은 외부로 탈출하려 하지 말고, 귀에서 삶을 도모하지 않으면 안된다.

만약 백의 외세가 허술하다고 느껴져 밖으로 탈출하려고 시도하게 된다면 그만큼 혹의 입장은 불리해 진다는 사실을 알아야 한다.

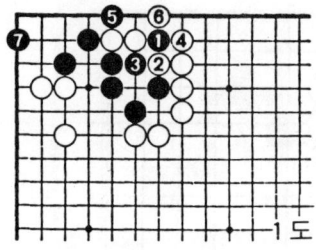
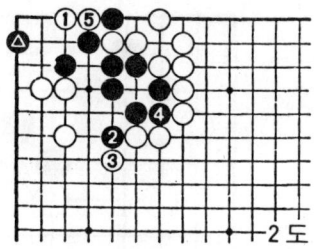

1도 (정석) 흑1에서 5까지가 매우 중요한 준비단계
이다. 백2부터 6까지는 외곬수이다.

이때 흑7이 좋은 착수여서 살게 된다. 단, 다음의 수순이
정확해야 한다.

2도 (계속) 흑▲는 2·1의 좋은 곳이다. 하지만 백
1로 뛰어들어 집을 파괴하는 작전으로 나오면 흑2, 4로
한집을 확보해 두는 것이 바람직하다. 백5에 대해서는 —.

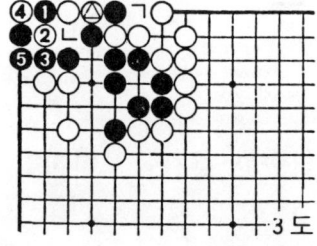
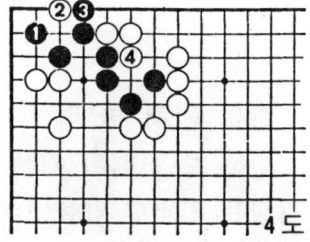

3도 (계속) 백◎에는 이렇게 흑1의 붙임수가 준비되
어 있다. 백2에는 흑3, 백4에는 흑5로 응수해 주면 된다.
결국 백ㄱ, 흑ㄴ으로 될 곳이다.

4도 (전멸) 평범하게 흑1로 두면 백2의 뛰어듦수를 당
하고 흑3으로 막으면 백4로 응수한다. 그러면 흑은 전멸
이다.

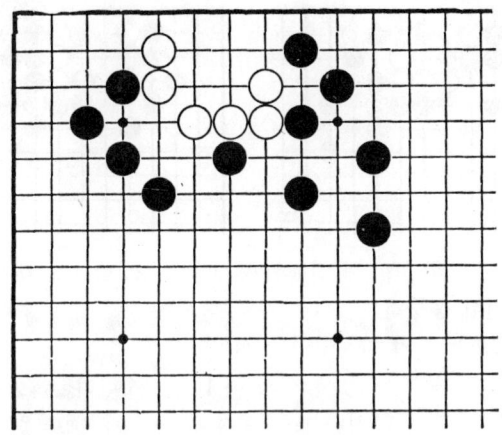

제 5 문

백이 먼저 둘 때

백의 궁도가 너무나 좁다.

그러나 흑의 외세도 헛점이 없지 않음으로 찬스를 이용하여 수를 찾아야 한다. 이러한 문제는 실전에서도 다채롭게 응용이 되는 문제이므로 유의하여 익혀두도록 하자.

여기에서도 최선의 방어는 최선의 공격이라는 바둑의 격언을 되새겨 볼 만한 가치가 있다.

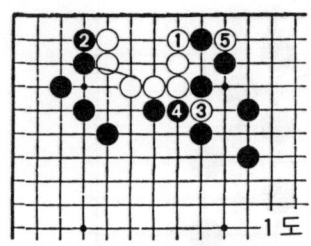
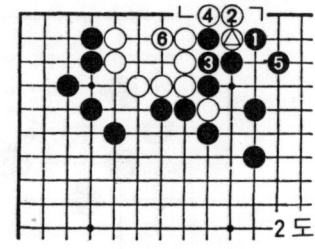

1도 (정석) 백1에 대해서 흑2로 받고 백3에 대한 흑4
는 당연한 응수다.

그러면 백5의 양붙임이 정석이다.

2도 (계속) 백⊙에 대해 흑1로 단수한다. 백2로 내
린 것은 흑ㄱ에 두거나 또는 흑4에 둘 경우 백ㄴ을 듣게
해서 왼쪽에서 살려는 것이다. 따라서 흑3으로 잇고 이하
백6이 된다.

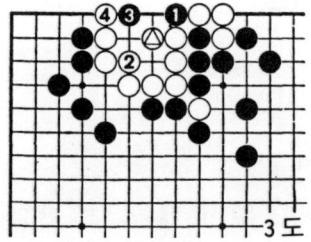
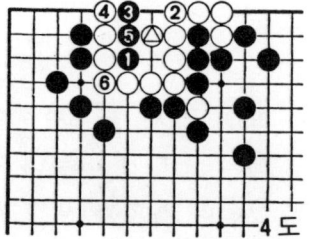

3도 (사는 모양) 백⊙를 두게 되면 백은 산다. 다시 말
해, 오른쪽위에 선수로 젖혀 둔거나 다름없이 되었고 거기
에 백돌이 더 두어지면 백⊙로 살게 되는 것이다. 흑1해도
백2, 4로 둔다.

4도 (변화) 3도가 불만이어서 흑1로 뛰어들면 백은
2의 곳을 잇고 흑3, 백4, 흑5, 백6이 되어 이것 역시
빅으로 산다.

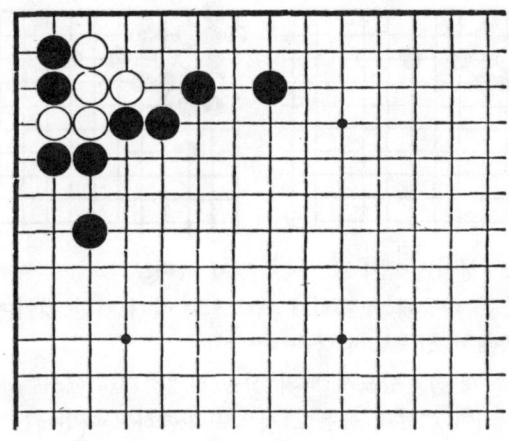

제 6 문

백이 먼저 둘 때

상당히 어려운 문제이다. 백의 궁도가 너무나 좁다. 왼쪽의 흑 2 점을 잡으려하면 흑은 오른쪽을 공격하여 집을 확보할 수 있는 근거를 삭감시킬 것이다. 그렇다고 만약 왼쪽을 제쳐놓고 오른쪽으로 궁도를 넓히면 흑은 기회를 놓치지 않고 왼쪽을 연결해갈 것이다. 참으로 답답하고 막막한 현실이 아닐 수 없다. 이런 경우에는 과연 어떻게 할까? 차분한 마음으로 경과도를 그려 보자.

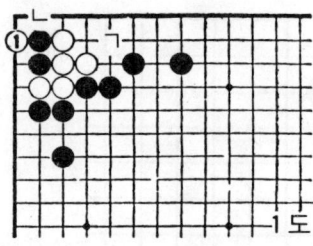
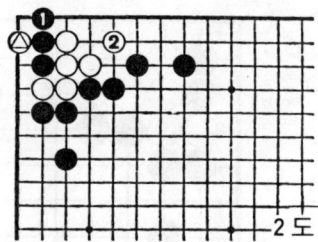

1 도 (정석) 백 1 로 두는 것이 올바르다.

이 수는 다음에 흑ㄱ일때 백ㄴ으로 살기 위한 것이며 동시에 왼쪽에서 선수로 한집을 확보한다.

2 도 (계속) 반드시 백의 집을 파괴하기 위해서는 흑 1 로 내려서야 하는데 백은 그것으로 만족하고 이번에는 오른쪽에 백 2 로 두어 우선 집 하나를 만들어 놓는다.

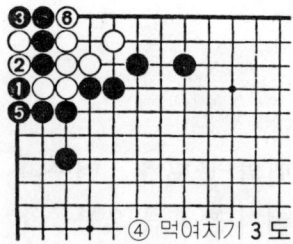

④ 먹여치기 3 도

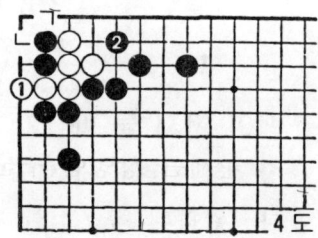

3 도 (계속) 흑 1 로 넘으려고 해도 백 2 로 먹여치고 흑 3 으로 따면 백 4 로 2 의 곳에 다시 먹여치면서 흑 한 점을 단수해서 흑 5 로 이으면 백 6 까지, 왼쪽 흑 넉점은 탈출하기 어렵게 된다.

4 도 (죽음) 평범하게 백 1 로 끊으면 흑 2 를 당해 모두 죽는다. 또 이 백 1 로 ㄱ의 곳에 젖혀두어도 흑ㄴ으로 넘는 수와 2 의 마늘모 붙임수가 맞보기가 되어 백의 죽음이다.

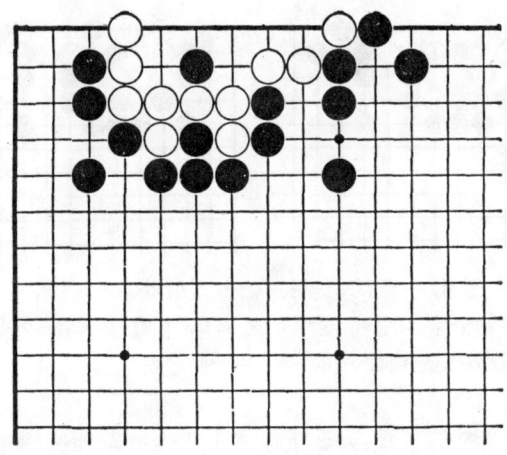

제 7 문

백이 먼저 둘 때

이 문제는 상당한 수준급에 올라 있지 않으면 풀기 어려운 고급의 문제이다.

여기에서 완벽한 삶을 도모한다는 것은 여간 어려운 일이 아니므로 우선 빅을 생각한다. 만약 빅으로 만들 수 있으면 백으로서는 이미 삶을 도모한 것이나 다름이 없어신다.

차분한 마음가짐으로 수읽기를 하여 보자.

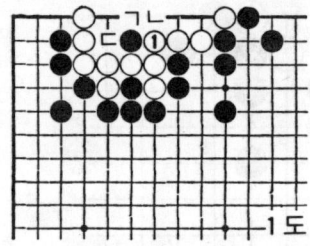

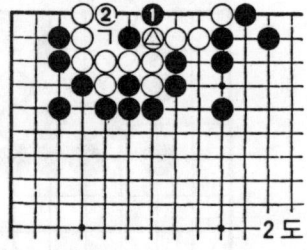

1도 (정석) 백1로 잇는 것이 정석이다.

백1의 수로 ㄱ등에 붙여두면 흑ㄴ이 있어 백은 이을 경우 죽게 되므로 백ㄷ으로 둘 수밖에 없어 결국 패가 되어 버린다.

2도 (계속) 백⚠에 대해 흑1로 젖혀올 것이 틀림없다. 이때 백2로 구부리는 것이 살기위한 하나의 중요한 수순이다. 또 흑1로 2에 두면 백ㄱ으로 산다.

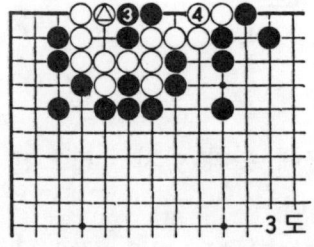

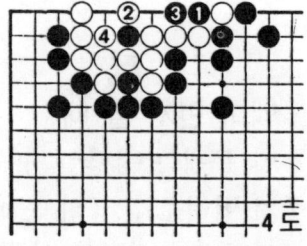

3도 (빅) 이에 대해 계속해서 흑3으로 이으면 백은 4의 곳을 잇는 것이 올바르다. 이렇게 되어 빅으로 산다.   하지만 백⚠로 4의 곳을 먼저 이으면 흑에게 ⚠를 선택당해 죽음을 맞게 된다.

4도 (2집 손해) 1도 다음은 이 그림과 같이 흑1, 3이 선수여서 백3집, 흑1집이어서 3도와 비교하면 2집이나 손해다. 빅수를 보는 것이 흑에게는 이득이다.

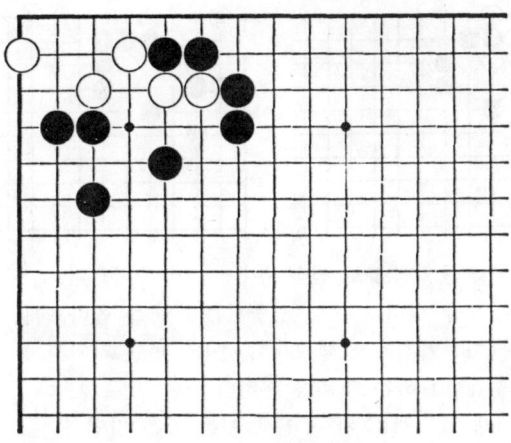

제 8 문

백이 먼저 둘 때

　과연 백선으로 귀에서 삶을 도모하는 일이 가
능할까?

　여기에서는 수순이 가장 중요하다. 흑의 공격에
대하여 효과적인 착수를 시도하지 않으면 안된다.

　제 일착을 소홀히 하게 되면 전체적으로 실패하
게 된다. 따라서 신중한 제 일착에 신경을　써야
한다.

　수순이 올바르면 의외로 문제는 쉽게 풀린다.

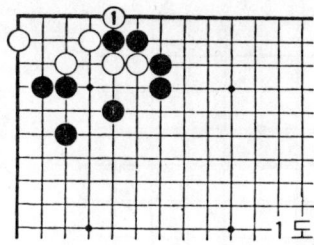 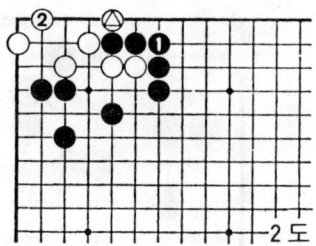

1도 (정석) 백 1로 젖혀 두는 것이 올바르다.

대체로 돌을 살리려고 할 경우에는 수순을 올바르게 두어야 한다. 마찬가지라고 생각해서 손을 빼어 의외의 돌발 사태에 직면(直面)하는 경우가 흔하다.

2도 (계속) 백⚫에 흑 1로 잇는 것은 당연하다.   백은 2로 2·1의 급소에 두어 완전한 삶이 된다.

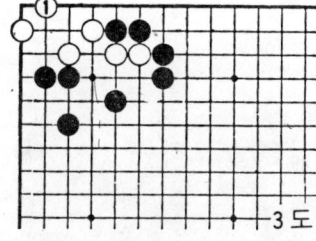 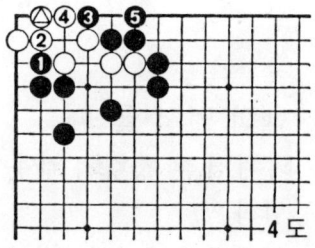

3도 (완착) 마찬가지라고 생각해서 즉시 백 1로 착수하면 어떻게 될까?

실전에서는 이렇게 소홀히 다루다가 의외로 손해를 초래하게 되는 경우가 있다.

4도 (패싸움) 흑 1에 대한 백 2는 당연한 것이다. 그때 흑 3으로 젖혀두고 백 4일 때 흑 5로 패가 된다. 흑이 팻감에 자신 있어 하면 백은 이 수를 소홀히 다룰 수 없다.

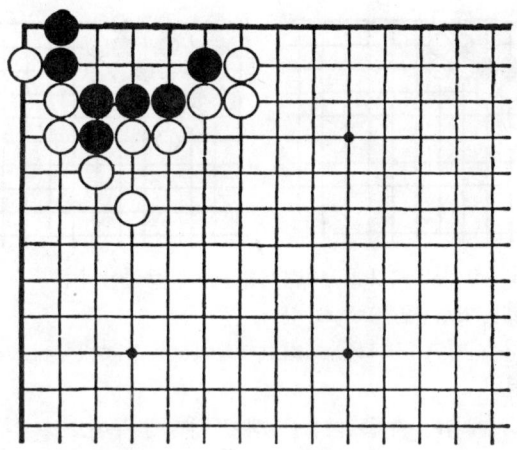

제 9 문

흑이 먼저 둘 때

이 문제는 상당히 쉬운 것이다.

쉬운 만큼 수순이 명확해야 한다. 수순이 잘못되면 결코 흑이 살 수가 없다.

잘못되면 패가 만들어질 수도 있다.

쉬운 문제이지만 수읽기의 힘을 이용하여 경과도를 미리 그려 본 연후에 착수를 하도록 해야 한다.

24

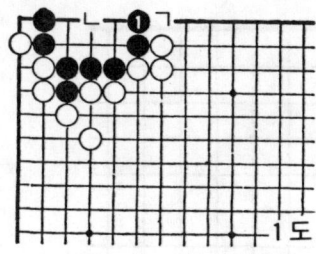
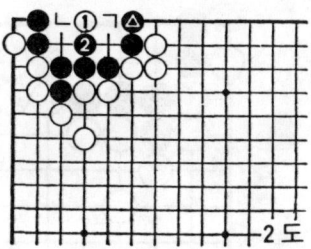

1도 (정석) 흑1로 내려서는 것이 정석이다.
이것은 빗형(櫛型)으로 산다.

이 다음 백ㄱ, 흑ㄴ, 그리고 흑이 한 수 더 두어 흑 넉
집이 된다.

2도 (계속) 흑▲ 다음은 백이 어떻게 두어도 흑은 여유
만만하다. 백1로 좌우동형의 중앙에 뛰어 들면 흑2로 응
수하여 ㄱ과 ㄴ을 맞보기로 삼는다.

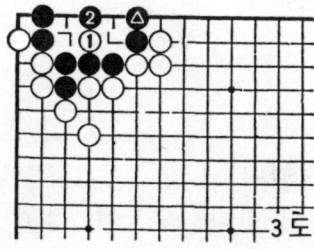
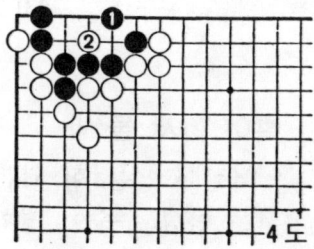

3도 (변화) 또 백1로 붙여 오면 흑도 2의 곳에 붙여
이것 역시 ㄱ과 ㄴ을 맞보기로 삼아 완벽하게 산다.

4도 (자살행위) 빗형(櫛型)에서 사는 방법을 알지못해
흑1 따위로 호구벌리는 것은 백2의 뛰어듦수로 단순히 죽게
된다. 흑1은 자살행위에 불과하다.

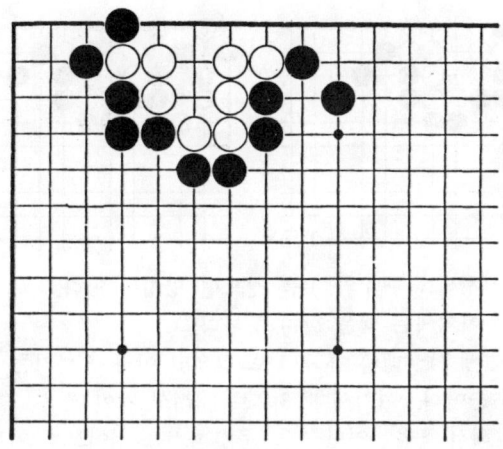

제10문

백이 먼저 둘 때

이러한 모양은 실전에서 자주 나타난다. 초보의 경우, 이러한 유형의 문제가 나타나면 으레 살릴 수 없다고 포기해 버리는 경우가 많다. 초보의 맹점이 바로 이런 데 있다. 수읽기를 완벽하게 해 본 후에 맥을 짚어서 응수를 해 나간다면 틀림없이 길은 열릴 것이다.

포기하지 않고 끝까지 도전해 나가는 지혜가 바둑에서는 참으로 필요하다.

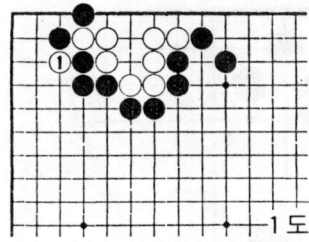
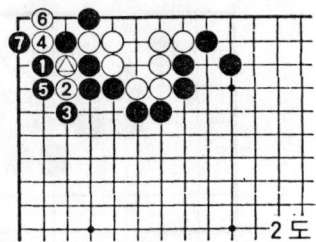

——1도

——2도

1도 (정석) 백1의 곳을 끊으면 방법이 있다.

이 수 이외에는 백은 살지 못한다.

2도 (계속) 백◎에 흑1로 받으면 이하 5까지는 필연적인 수순이다. 여기서 백6으로 내려선 것이 좋은 수인데, 이렇게 해서 흑을 연단수로 유인하려는 것이므로 어쩔 수 없이 흑7로 둘 수 밖에 없다.

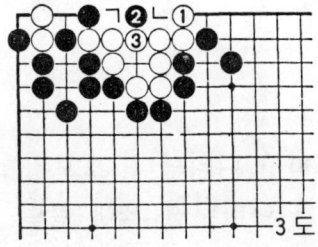
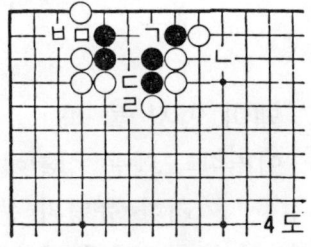

——3도

——4도

3도 (계속) 2도에 계속해서 백1로 두어 궁도를 넓힌다. 흑2일 경우 백3하여 다음에 흑ㄱ으로 이으면 백ㄴ의 연단수가 성립된다. 그런데 백1하는 대신 ㄱ에 두면 흑1로 백은 전부 죽게 된다.

4도 흑ㄱ, 백ㄴ, 흑ㄷ, 백ㄹ, 흑ㅁ, 백ㅂ이 되면 본문 제와 같은 것이다.

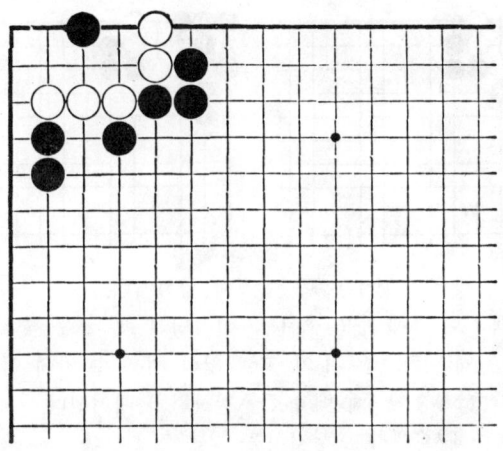

제11문

백이 먼저 둘 때

백선으로 귀에서 살 수 있을까?

백의 세력권 안에 티눈처럼 박혀있는 흑 한 점이 눈에 거슬린다.

수순이 잘못되면 패가 만들어지게 된다. 패가 만들어지면 백은 불리하다. 여기에서는 어떻게 해서든지 패로 이끌지 말고 곧장 삶을 도모해야 한다.

실전에서 자주 나타나는 문제이므로 유의하여 기억해 두기 바란다.

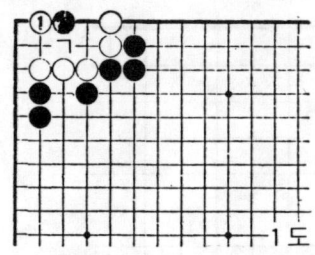 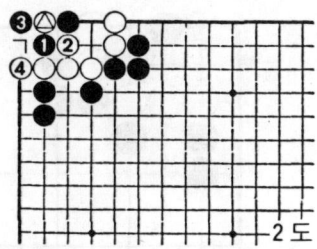

1 도 (정석) 백 1 로 두는 것이 정석이다.

이 백 1 로 ㄱ에 두면 흑 1 을 선착당해 백 모두 죽게 된다.

2 도 (계속) 흑은 1 의 곳에 젖혀 끼울 수 밖에 없다. 백 2 로 끊고 흑 3 일 때 백 4 로 침착하게 내려선다. 백 2 로 ㄱ에 응수해서 패라고 생각하는 것은 잘못이다.

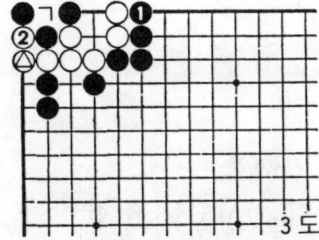 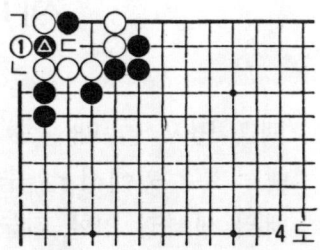

3 도 (침착) 백△을 흑 1 에 두는 이유는 백두점을 가볍게 버리고 완벽하게 살려는 것이다. 그렇다고 흑 1 로 ㄱ에 이으면 백 2 로 잡히게 되므로 흑 1 하는 정도이다.

4 도 (실패) 2 도의 백 2 로 이렇게 백 1 로 응수하면 흑 ⬤의 함정에 말려든 결과가 되어 흑은 ㄱ으로 패를 따내고 백ㄴ으로 두면 흑ㄷ으로 이을 것이다. 이러한 패가 되면 백은 참으로 견디기 어렵다.

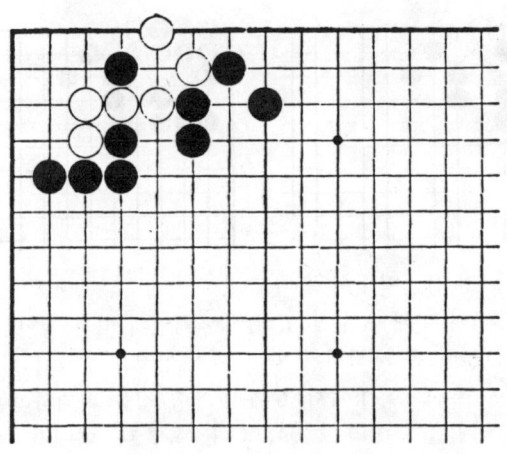

제12문

백이 먼저 둘 때

백의 궁도는 그다지 좁은 편은 아니지만, 왼쪽 아래의 제 2 선에 흑이 침입수를 엿보고 있고, 또 백의 품안에서 흑 한 점이 단수를 노리고 있는 점이 참으로 가소롭고 기막힌 장면이다. 이 때문에 백은 마음놓고 귀에서 삶을 도모할 수가 없다.

여기에서 과연 백은 첫 착수를 어디에다가 두어야 할까 ?

수읽기를 통하여 적절한 수순을 찾아보자.

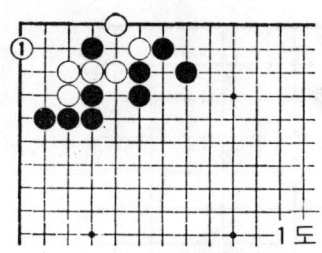
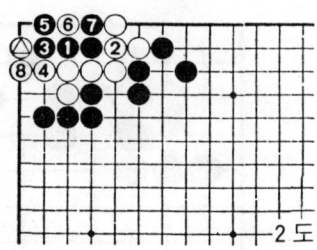

1 도

2 도

1 도 (정석) 백 1 이 올바르다.

' 2 · 1의 곳에 묘수가 있다.' 는 격언에 따른 것이다. 오른쪽 단점(斷点)을 생각하지 말고 귀의 안정을 꾀해야 한다.

2 도 (계속) 흑 1 에서 5 까지 계속 집을 파괴하려들면 백 6 의 한점을 버리는 것이 좋다. 흑 7 로 따내면 백 8 로 잇고 흑 다섯점을 따내서 살아난다.

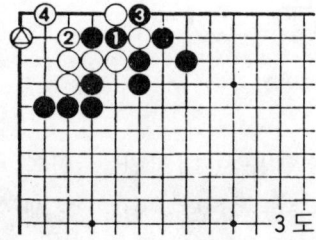
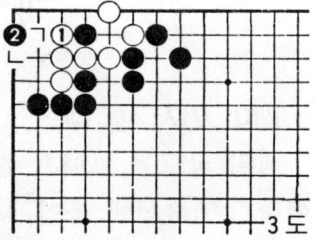

3 도

3 도

3 도 (타협) 백△에 흑 1 로 끊어 백 2 , 흑 3 , 백 4 로 사는 정도일 것이다. 2 도의 흑이 실전이라면 상당히 손해를 본 결과가 되었다.

4 도 (실패) 오른쪽의 단점(斷点)을 염려해서 백 1 등으로 응수하면 흑 2 의 곳으로 뛰어 백은 그대로 죽는다. 이 다음 백ㄱ에는 흑ㄴ으로 응수한다.

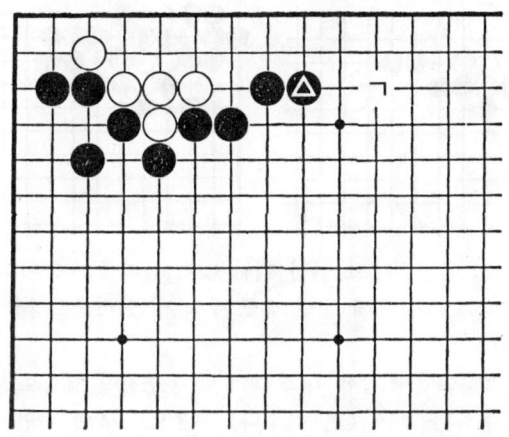

제13문

백이 먼저 둘 때

아직 미완성의 백으로서 흑세의 막강함을 물리치고 두 집을 확보할 수 있을까 하는 점이 이 문제의 주요 포인트이다.

백의 엉성함에 비하여 흑세가 너무 강하다.

여기에서는 무엇보다도 맥을 정확하게 짚어나가는 수순이 필요하다.

수는 분명히 있으므로 신중을 기하여 제일착부터 시도하여 보자.

32

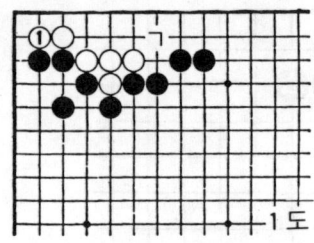
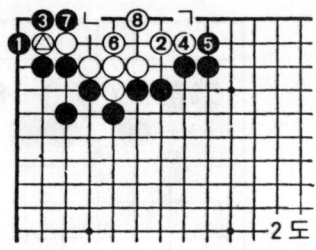

1도 (정석) 백1로 한번 기는 것이 올바른 수순이다. 이 1을 생략하고 백ㄱ에 두면 4도가 되어 어려운 상황이 되어 버린다.

2도 (계속) 백⊘에 대해 흑1로 응수하면 백2로 마늘 모 붙임수하는 것이 좋은 착수다. 흑3으로 4에 두면 백6으로 가볍게 산다. 흑3이면 이하 백8까지, 백은 ㄱ과 ㄴ을 맞보아 두집이 확보된다.

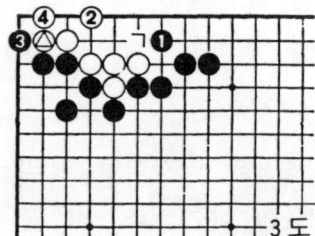
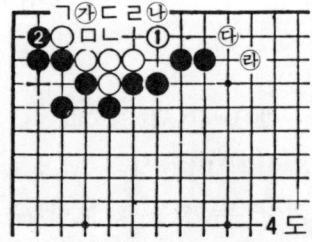

3도 (변화) 백⊘일 때 흑1의 마늘모 붙임수로 두면 백2로 산다. 백2 대신 ㄱ 등으로 응수하면 흑3을 당해 살지 못한다.

4도(실패) 백1로 마늘모 붙임수하면 흑2로 강력하게 막아 백ㄱ일 경우 흑ㄴ, 백ㄷ, 흑ㄹ, 백ㅁ으로 패가 되어 버린다. 또 흑㉮일 경우 백㉯가 듣고 있어 백㉰로 나오는 수가 있으므로 어쩔 수 없이 흑㉱로 두어야만 한다.

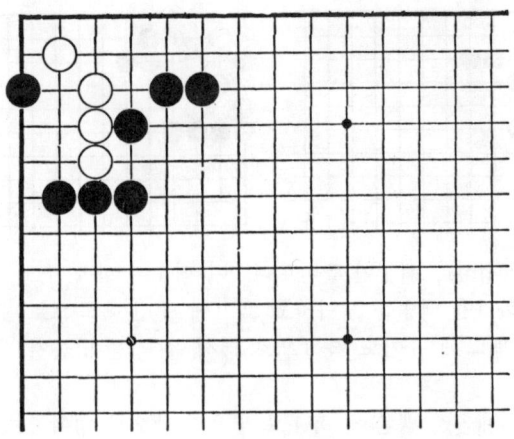

제14문

백이 먼저 둘 때

한눈에 결코 쉽지않은 문제임을 알 수가 있다.

상급의 수준에 있는 독자라 하더라도 이러한 문제는 신중을 기하여 두지 않으면 안된다.

수읽기의 힘을 이용하여 경과도를 그려 보고 신중하게 착수를 하도록 해야 한다.

이 문제에도 급소가 있으므로 그 급소를 찾아서 맥을 짚도록 해야 한다.

34

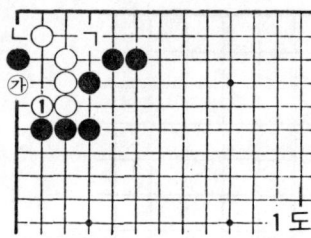
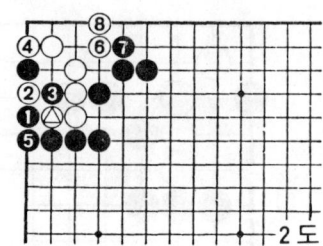

1도 (정석)　백 1 이 올바르다. 이 백 1 과 함께 ㉮도 정석
이다. 하지만 백 1 을 생략하고 백ㄱ에 두면 흑ㄴ으로　죽는
다. 또 백ㄴ에 두어도 흑ㄱ으로 역시 두 집을 만들지　못해
죽는다.

2도 (계속)　백⊙에 흑 1 로 받으면 백 2 로 먹여치는　것
이 중요한 수순이다. 흑 3 으로 따내게 하고 백 4 로 산다. 흑
5 로 이으면 백 6 으로 두어 완전히　살아 버린다.

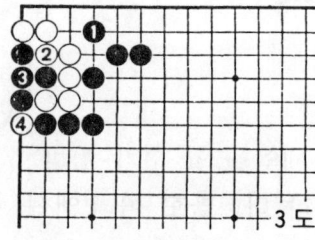
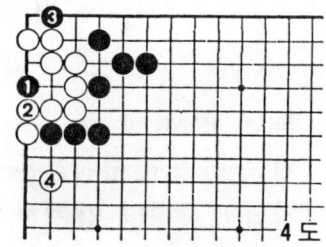

3도 (변화)　2도의 흑 5 로 이렇게 1 의 곳에 둘 경우의
변화도 함께 알고 있어야 한다. 이 1 은 백 2 일때 흑 3 에 잇고
백 4 로 따내면 4 도에서처럼 집을 파괴하려는 것이다.

4도 (계속)　흑 1 에 대해서는 백 2 로 응수한다. 흑은 위
쪽의 집을 파괴해야 하는데, 그러면 백 4 로 탈출하여 살아날
수 있다.

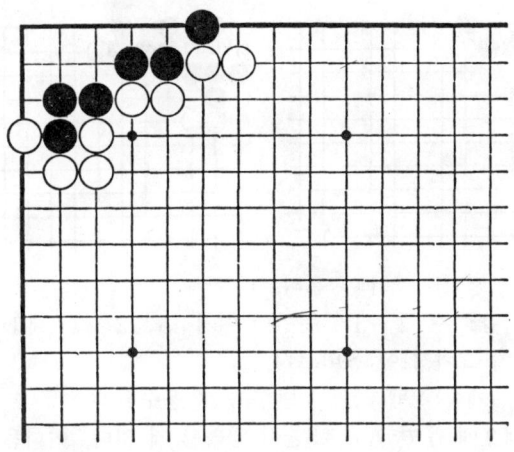

제15문

흑이 먼저 둘 때

이 문제도 상당한 수준을 요하는 문제이다.

쉽게 생각하면 실패하게 된다. 흔히 실전에서 자주 나타나는 문제이므로 잘 기억해 두도록 하자.

여기에서 진행 도중 패가 만들어질 가능성도 있다. 그러나 만약 패가 만들어지면 흑이 불리하다.

패를 만들지 않고도 눈을 확보하는 수가 있으므로 충분히 생각한 후에 착수하도록 하자.

36

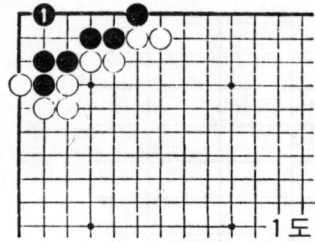
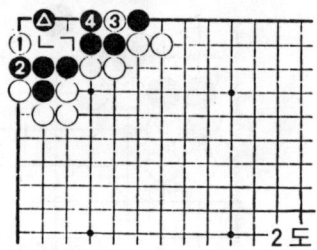

1도 (정석) 흑1이 올바르다.

귀의 급소는 2·1의 곳인데 여기서도 2·1(제1선과 제2선의 교차점)이 올바르다.

2도 (계속) 백1로 두면 흑2로 응수한다.

또 백3에 두면 흑4로 늘어 염려할 것 없다. 이다음 백ㄱ에 두면 흑ㄴ, 백ㄴ에 두면 흑ㄱ으로 받는다. 무척 간단한 것인데, 실전에서는 실수하기 쉽다.

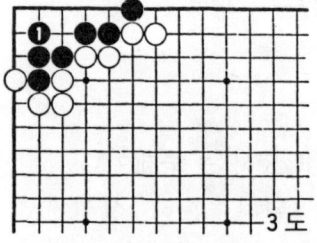
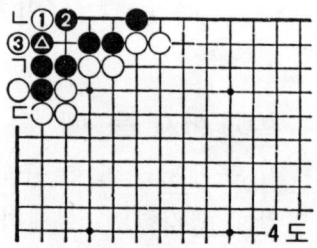

3도 (잘못) 흑1로 잘못 두는 사람이 있다.

얼핏 보면 이렇게 해도 흑은 살 것 같이 보인다.

4도 (패싸움) 3도의 흑1(●표)에 대해서는 백1로 붙여 공격할 수가 있어 흑2, 백3으로 패싸움이 되어 버린다. 흑2로 ㄱ에 두어도 백2, 흑ㄴ, 백ㄷ이 된다.

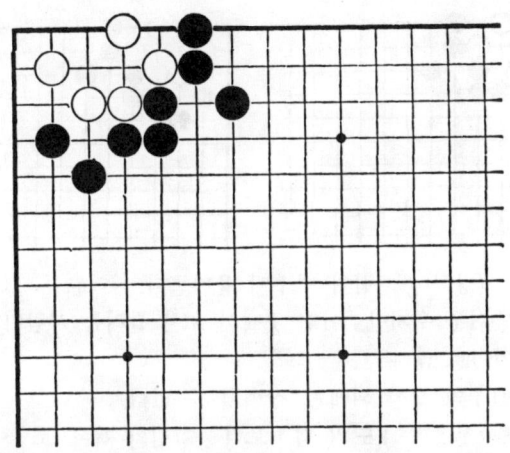

제16문

백이 먼저 둘 때

백의 궁도가 매우 좁은 것이 흠이긴 하나 그렇다고 길이 없는 것은 아니다.

수읽기의 힘을 필요로 하는 곳이다.

신중을 기하여 경과도를 머릿속에 그려본 후에 수순을 밟도록 하자.

급소를 찾으면 의외로 쉽게 살 수가 있는 곳이다.

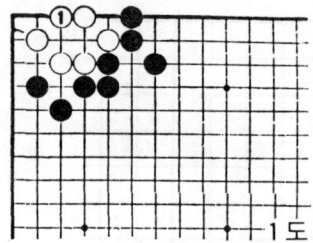 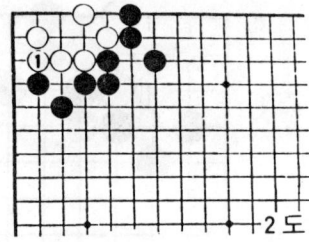

1도 (정석) 그림의 백1이 올바르다.

매우 쉬운 수지만, 이런 곳에서 조차 틀리는 사람이 실전에는 의외로 많다.

이 백1의 정석 외에는 살아날 수 없다.

2도 (잘못) 1도의 백1보다 그림의 백이 조금이라도 이익이 된다고하는 것은 잘못 생각한 것이다.

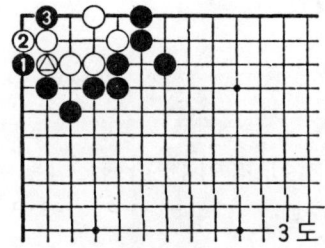 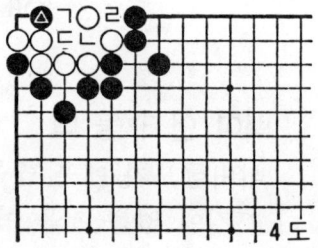

3도 (계속) 백△일 때 흑1, 백2 다음 흑3으로 뛰어들면 이것으로 백은 죽는다.

4도 (죽음) 흑●로 뛰어듦을 당하면 백은 두집을 확보할 수 없게 된다.

이 다음 백ㄱ일 경우 흑ㄴ, 백ㄷ, 흑ㄹ이 되며, 또 백ㄷ일 경우 흑ㄹ이 된다.

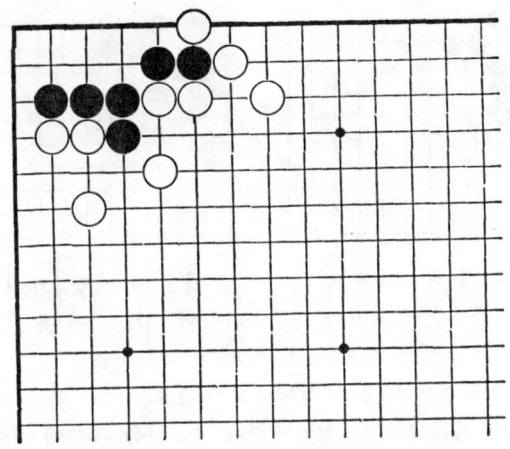

제17문

흑이 먼저 둘 때

이러한 모양은 실전에서도 자주 나타난다.

화점에 놓인 흑에 대하여 백이 양걸침을 하면 주로 이러한 모양이 전개된다. 흑으로서는 오른쪽에 약점을 가지고 있으므로 귀에서 두 집을 확보한다는 것은 여간 어렵지 않다.

따라서 흑은 집을 짓는 맥을 잘 살펴서 착수를 하지 않으면 안된다.

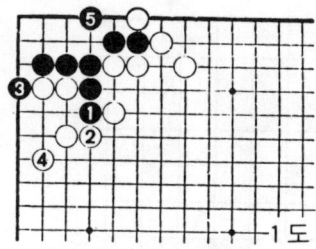 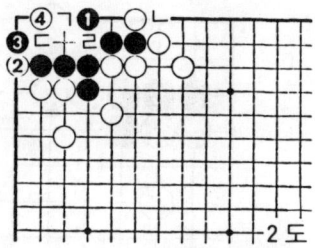

1 도 (정석) 먼저 흑 1, 3으로 백 2, 4를 강요한 다음 흑 5 가 올바른 수순이어서 흑은 가볍게 산다. 이 흑 1, 3 을 방치해 두고 곧장 흑 5 로 호구(戶口) 벌려서는—.

2 도 (죽음) 백 2 로 젖혀오고 흑 3 으로 응수하면 백 4 로 뛰어들어 흑은 그대로 전멸당한다. 이 다음 흑ㄱ에 대해서는 백ㄴ, 흑ㄷ, 백ㄹ로 먹여쳐 그만이다.

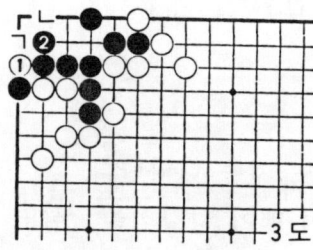 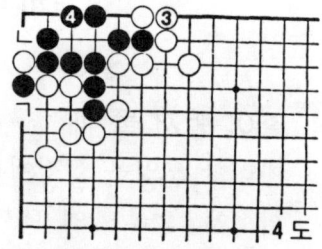

3 도 (계속) 1 도의 정석 다음 또 한가지 중요한 수가 있다. 그것은 백 1 인데 이 경우 흑 2 로 응수하는 것이 중요하다. 흑 2 의 수로 ㄱ에 두어 백한점을 따면 곧장 백ㄴ 으로 붙여와 2 도와 똑같이 되어서 흑은 살지 못한다.

4 도 (계속) 다음에 백 3 이라면 흑 4 로 두어 안심이다. 이 다음 백ㄱ에는 물론 흑ㄴ 으로 응수한다.

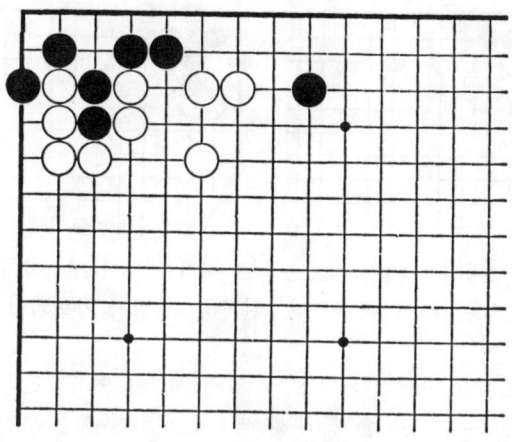

제18문

흑이 먼저 둘 때

이러한 모양도 실전에서 자주 나타나므로 주의 깊게 살펴 두기 바란다.

현재 흑은 두 점이 단수되어 있지만, 오른쪽 변으로 전진할 수 있는 여지가 남아 있으므로 이것을 잘 이용하여 수를 찾아야 한다.

최선의 공격은 최선의 방어일 수 있다는 사실을 명심하여야 할 것이다.

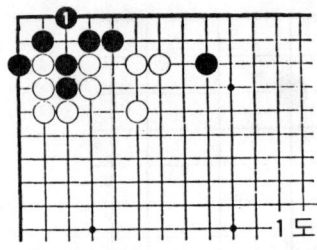

1 도

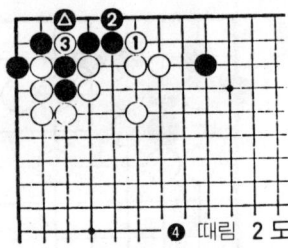

④ 때림 2 도

1도 (정석) 여기서는 흑 1 로 지키는 것이 정석이다.

이것으로 오른쪽에 한 집, 왼쪽에 한 집이 확보되어 완전한 삶이다.

흑 두점을 따내면 되따낼 수 있기 때문에 여유만만하다.

2도 (계속) 흑 ▲ 에 대해 백 1 로 나가면 흑 2 로 받는다. 백 3 으로 때리면 흑은 즉시 되때린다.

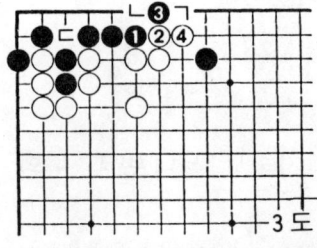

3 도

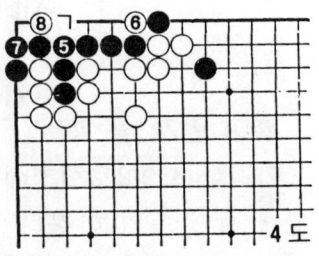

4 도

3도 (응수) 흑 1, 3 으로 두어도 백 2, 4 로 응수한다. 이 백 4 로 ㄱ에두면 흑ㄴ, 백 4, 흑ㄷ 으로 살지만 백은ㄱ으로 받지 않고 백 4 로 흑의 동정을 엿본다.

4도 (죽음) 계속해서 흑 5 일 경우 백 6, 8 로 흑의 죽음이다. 이것은 흑 5 로 두점을 구출하려고 해서는 두 집을 확보하지 못하는 것이다. 여기서는 되따낼 수 있으므로 두점은 포기하고 흑 5 로 ㄱ에두면 흑은 죽지 않는다.

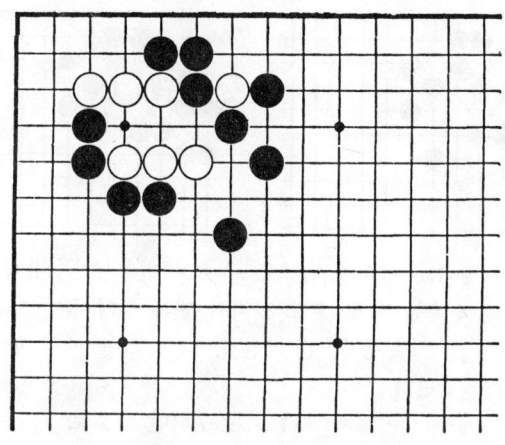

제19문

백이 먼저 둘 때

이 그림은 상당히 어려운 문제이다. 또한 실전의 대국에서도 자주 나타나는 문제이므로 상세히 알아두는 것이 기력(棋力) 향상에 도움이 될 것이다.

여기에서는 만약 수순이 잘못되면 백이 귀에서 두 집을 확보하여 삶을 도모한다는 것이 여간 어렵지 않다.

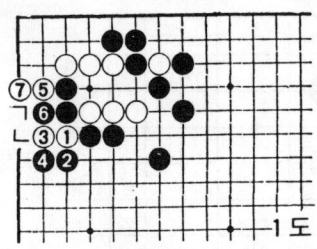
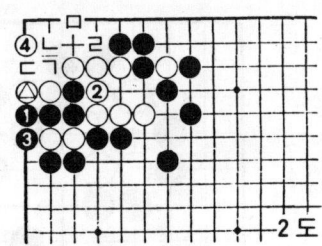

1도 (정석) 백1로 끊으면 흑2로 단수 할 수밖에 없다. 그리고 흑4에는 백5, 7로 젖혀서 뻗는 것이 올바르다. 그 다음 흑이 ㄱ으로 응수 할 것인지, ㄴ으로 빵 때림 할 것인지 동정을 살핀다.

2도 (계속) 이렇게 흑1로 응수하면 백2로 단수하고 다음 4가 묘수이다. 흑ㄱ일 경우 백ㄴ, 흑ㄷ, 백ㄹ로 산다. 또 흑ㄱ 대신 ㅁ에 두면 백ㄴ으로 살아버린다.

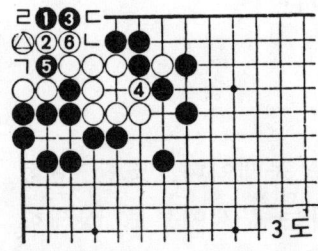
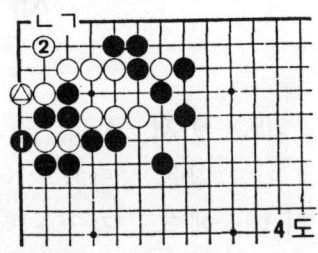

3도 (계속) 백△에 대해서 흑1로 응수했을 경우 백2, 4로 두고 흑5에는 백6이 좋은 수이다. 백6으로 백ㄱ에 두어도 흑 한점을 따내면 흑6을 당해 백은 전멸이다. 백6 다음 흑ㄱ은 백ㄴ, 흑ㄷ, 백ㄹ, 까지 연단수가 성립한다.

4도 (변화) 계속해서 백△일때 단순히 흑1로 따내면 백2로 호구벌려 산다. 흑ㄱ일때는 백ㄴ이다.

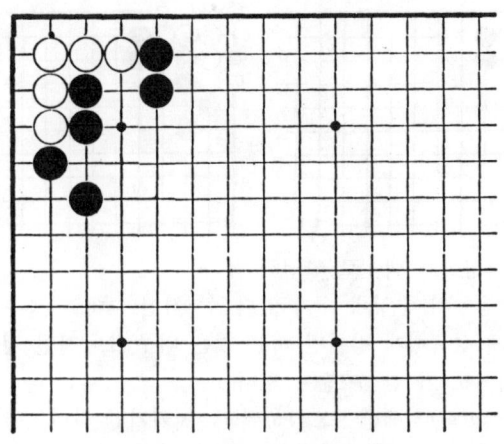

제20문

백이 먼저 둘 때

사활에 관한 전형적인 문제이다. 바둑은 상대적이기 때문에 항상 문제에 대한 해답도 일정하다고 할 수 없다. 상대방을 의식한 최선의 응수가 곧 해답이라고 할 수 있을 것이다.

이러한 모양은 실전에서도 자주 나타나므로 유의하여 익혀 두기 바란다. 백으로서는 귀에서 살 수 있는 최선의 수를 찾아 보자.

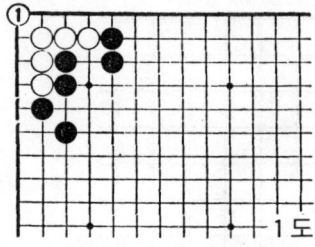

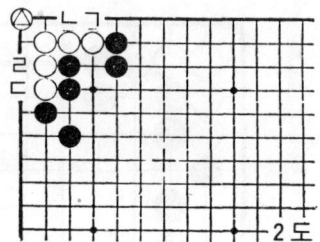

1도 (정석) 백1로 완전히 산다.

'좌우동형의 중앙에 수가 있다'는 격언 그대로 이다.

이렇게 성급하게 방어만 하는 것은 너무 소극적인 것 같지만 여기서는 이 한 수 뿐이 없다.

2도 (변화) 백△로 가운데를 지키기만 하면 이 다음 흑ㄱ으로 두어도 백ㄴ, 또 흑ㄷ, 백ㄹ로 두어 양쪽에 집이 하나씩 갖춰져서 마음이 놓인다.

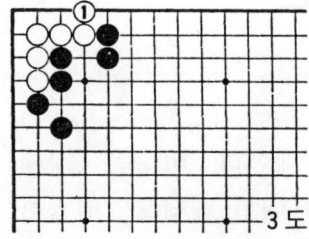

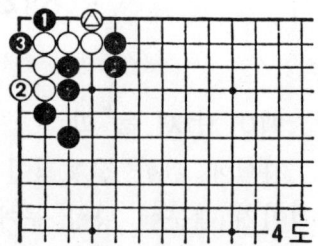

3도 (죽음) 백1이 보다 이득이 된다고 생각하는 것은 잘못이다. 이것은 스스로 죽는 것이나 다름없는 것이어서 오히려 백은 모두 죽는다.

4도 (죽음) 흑1이 급소다. 백2해도 흑3으로 두어 백은 궁지에 몰려, 결국은 귀의 곡사궁(曲四宮)이 되어 살지 못한다.

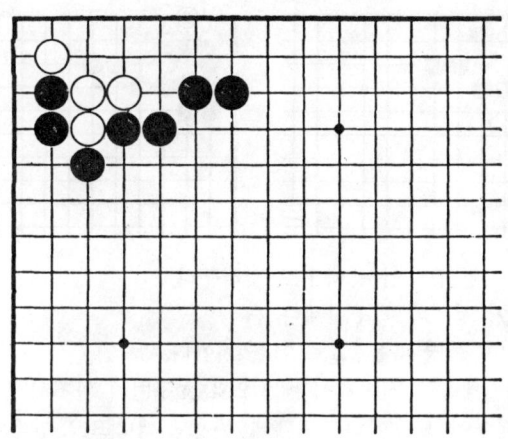

제21문

백이 먼저 둘 때

이 모양도 역시 실전에서 자주 나타나는 모양이다. 흑의 외세가 너무 강력하기 때문에 백으로는 약간 어려운 국면이 예상이 된다.

백은 변에서 묘안을 강구해야 하는데, 그러자면 오른쪽으로 반격해 나아가는 수 밖에 없다. 그러나 그것은 쉬운 일이 아니다.

자, 그렇다면 어떻게 두어야 할까?

수를 찾아 보자.

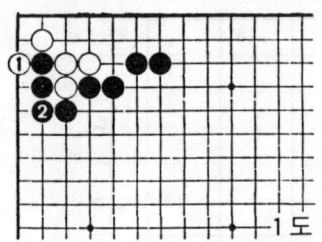

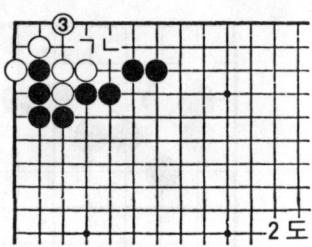

1 도 (정석) 먼저 백 1 로 젖혀둔다.

이것이 정석의 제 1 단계다.

그러면 분명 혹은 2 로 이을 것이다.

2 도 (계속) 계속해서 백 3 으로 호구벌려 완전히 산다.

이 백 3 이 묘수이다. 혹ㄱ에 두어도 백ㄴ으로 만족이다.

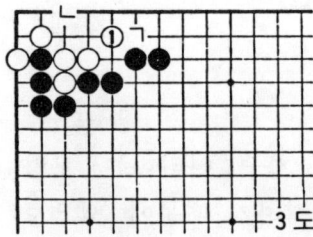

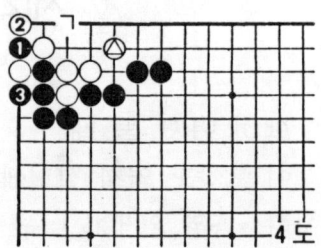

3 도 (지나치다) 2 도에 비해서 그림의 백 1 이 더욱 효과적이라고 잘못 생각하기 쉽다. 그리고 혹ㄱ일때 백ㄴ에 두면 좋다고 착각하기 쉽다. 하지만 이 백 1 은 지나친 착수여서 헛점이 많아 바람직하지 못하다.

4 도 (추궁) 3 도의 지나친 착수를 추궁하여 혹 1 로 먹여치면 백 2 로 따냈을 때 혹 3 이 좋은 수순이다. 백 에 두면 혹 1 로 패가 되어 버린다.

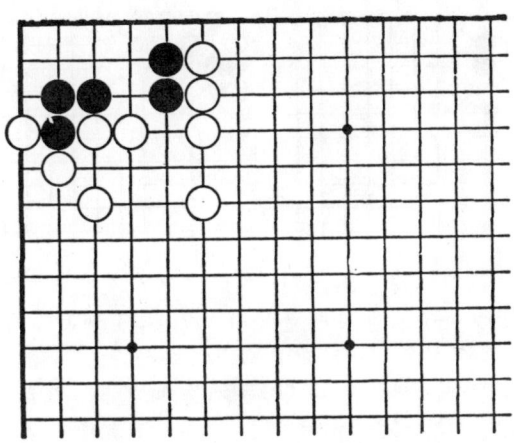

제22문

혹이 먼저 둘 때

이 모양 역시 실전에서 자주 나타나는 문제 중의 하나이다. 주로 귀에서 생기는 사활 싸움의 대표적인 예라고 할 수 있다.

그렇게 쉬운 문제는 아니지만 그래도 분명히 해답은 있다.

혹은 사는 방법을 생각해야 한다. 착수가 필요한 곳이다.

수읽기의 힘을 이용하여 경과도를 생각해 보자.

50

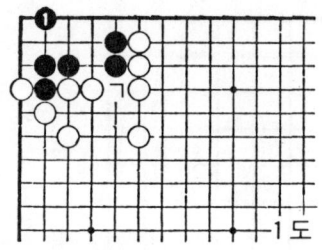 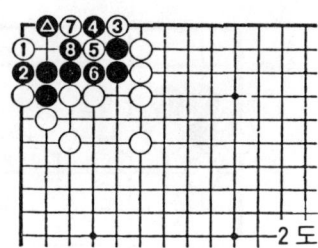

1 도 (정석) 흑 1 로 두어 산다.

이 경우 ㄱ의 곳에 공배 하나가 비어 있기 때문에 흑은 여기서 무조건 살 수 있는 것이다.

2 도 (계속) 백 1 에 대해서는 흑 2 , 백 3 에는 흑 4 로 강력하게 막는 것이 중요하며 백 5 , 흑 6 , 백 7 이면 흑 8 로 산다. 백 5 로 6 에 두면 흑 5 로 응수한다.

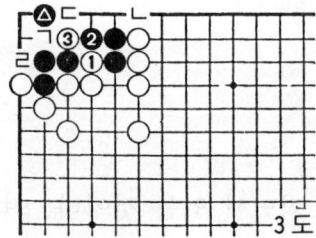 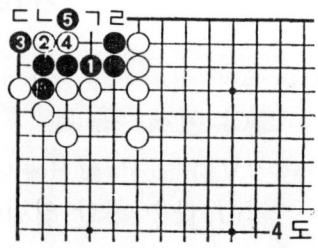

3 도 (수순) 흑⦿로 살면 백 1 , 흑 2 를 교환한 다음 백 3 으로 한번 끊어두는 것이 바람직하다. 흑ㄱ으로 단수하면 백ㄴ이 선수가 되고, 흑ㄷ으로 백 한점을 잡으면 백ㄹ이 선수가 된다

4 도 (변화) 흑 1 로 두어도 살기는하지만 1 도에 비해 손해다. 흑 5 다음 백ㄱ, 흑ㄴ, 백ㄷ, 흑ㄹ로 되따내는 수순이다. 백ㄴ, 흑ㄱ은 빅수다.

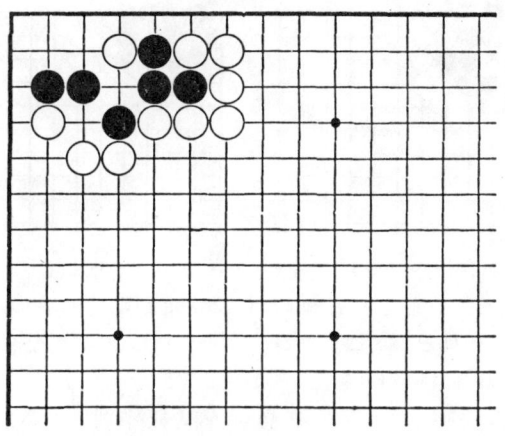

제23문

흑이 먼저 둘 때

흑은 지금 상당히 어려운 국면에 처해 있다. 흑 3점이 단수 당할 위험에 직면해 있는 것이다. 여기에서 만약 오른쪽의 흑 3점이 잡히게 된다면 흑은 전멸하고 만다. 따라서 흑은 우선적으로 오른쪽의 3점을 전체와 연결시키지 않으면 안된다. 흑이 매우 부담스러운 국면이다.

수읽기를 한 연후에 올바른 수순을 찾아서 착수를 하여야 할 것이다.

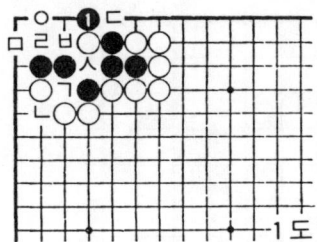

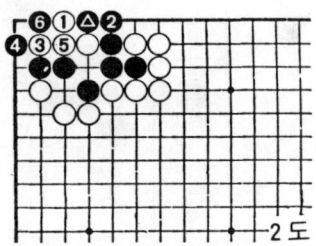

1도 (정석) 흑1로 젖혀 두는 것이 올바르다.

흑1로 ㄱ에 두어도 백ㄴ과 교환하고 나서 다음 흑ㄷ으로 내려서면 백ㄹ, 흑ㅁ, 백ㅂ, 흑ㅅ, 백ㅇ으로 다섯집 뛰어듦 수가 되어 버린다.

2도 (계속) 1도의 흑❹에 계속해서 백1, 흑2, 백3이면 흑4로 젖혀둔다. 백은 5의 곳에 두어 뛰어듦 수로 유인하려는 속셈인데 흑6의 먹여치기가 좋은 수이다.

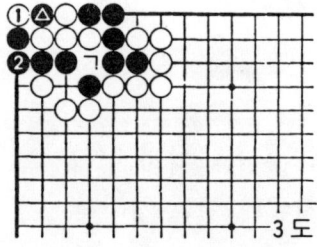

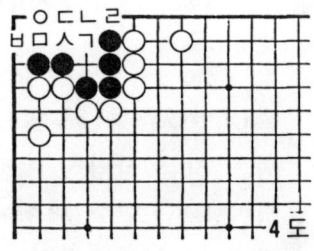

3도 (계속) 흑❹를 백1로 따냈을 경우 흑2로 침착하게 이어서 이 흑은 살아난다.

이것은 다음에 흑ㄱ이라는 수가 있기 때문이다.

4도 (현현기경) 이것은 「현현기경」에 나온 문제이다. 이 문제는 백에서 먼저 백ㄱ으로 붙여 두었다. 이 문제 역시 흑ㄴ으로 젖혀 응수하는데 이 다음 백ㄷ부터 흑ㅇ까지 사활을 건 패싸움이 된다.

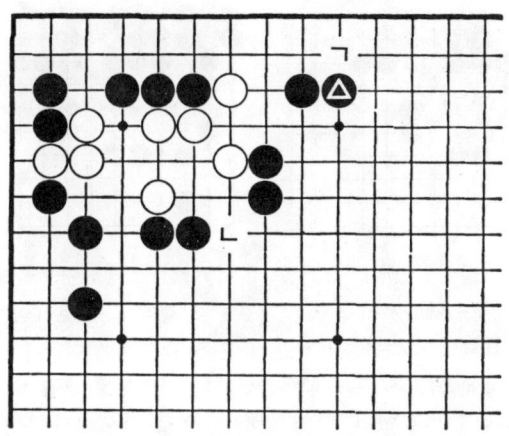

제24문

백이 먼저 둘 때

이 그림도 역시 실전의 대국에서 자주 나타나는 문제 중의 하나에 속한다.

백은 사방이 흑에 의해 포위당한 상태에 있다. 여기에서 과연 백선으로 삶을 도모한다는 것이 가능할까?

아직 초보의 단계에 있는 사람은 상당히 어렵겠지만 수읽기를 어느 정도 할 수 있는 사람이라면 무난하게 해답을 구할 수 있을 것이다.

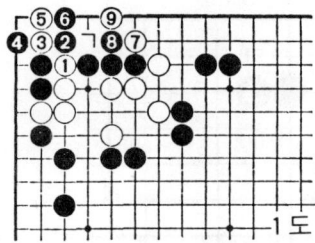
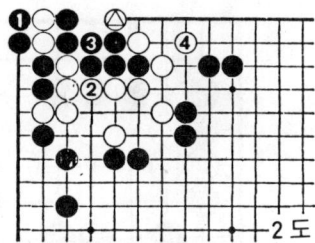

1 도 (정석) 백 1 , 3 으로 끊어 단점이 생긴다. 흑 2 , 4 ,
6 은 외곬수이다. 이경우 백 7 , 9 로 젖혀두는 것이 좋은 수
순이어서 산다. 다음 백ㄱ에 두면 양단수가 된다.

2 도 (계속) 흑은 백△이 선착해 있으므로 흑 1 로 백 두
점을 따낼수밖에 없다. 그래서 백은 2 로 단수해서 흑 3 을 강
요한 다음 백 4 로 호구벌려 집 하나를 만든다.

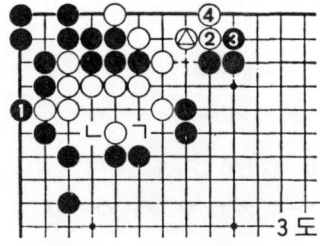
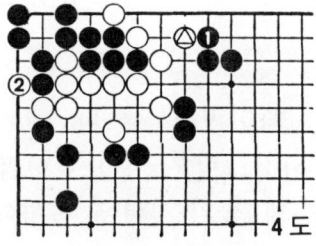

3 도 (계속) 2 도에 계속해서 흑 1 로 넘어가면 백은 2 , 4
로 윗변에 집 하나를 확보해서 완전한 삶이 된다. 또 흑ㄱ에
둘 경우 백ㄴ, 이와 반대로 흑ㄴ일 경우 백ㄱ으로 이미 확
보 한거나 다름없다.

4 도 (흑 패배) 백에게 집을 허용하지 않기 위해서 흑 1
로 두는 것은 무리이다. 백 2 를 당하면 흑은 넘어갈 수 없어
모두 죽게 된다.

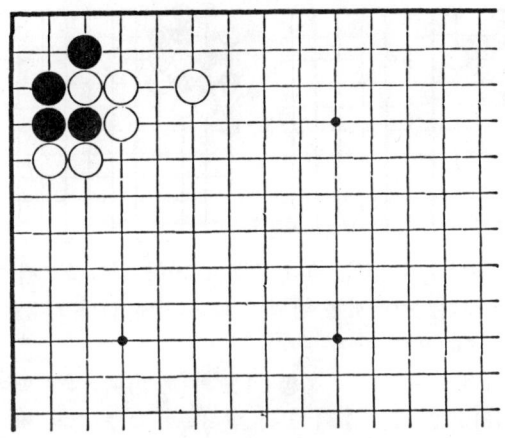

제25문

흑이 먼저 둘 때

이 그림은 흑선으로 귀에서 살 수 있느냐 하는 것이 주요 안건이다. 언뜻 보면 충분히 살 수 있을 것 같아서, 너무 자신만만해 할 수도 있다.

특히 초보자들 가운데 이러한 문제를 소홀히 하기 쉬운데, 항상 주의하여 수읽기를 한 연후에 차분한 착수를 하여야 한다.

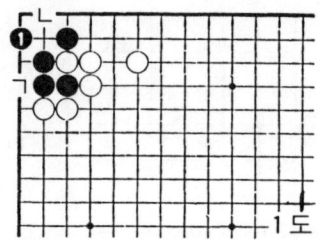 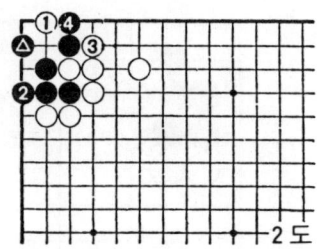

1 도 (정석) 여기서는 흑 1로 호구 치는 것이 좋으며 이것으로 혹은 산다. 여기서는 이렇게 할 수밖에 없다. 다음에 백ㄱ일 경우 흑ㄴ으로 살 수 있다.

2 도 (결과는 같다) 흑▲ (1도의 흑 1)에 대해 백이 집을 파괴하려고 해서 1의 곳에 뛰어들면 흑 2이다. 백 3에는 흑 4로 응수하여 백은 이 흑 한점을 잡지 못한다.

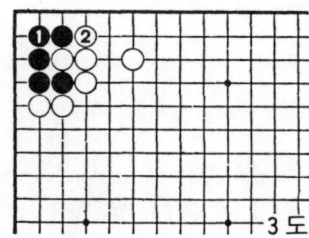 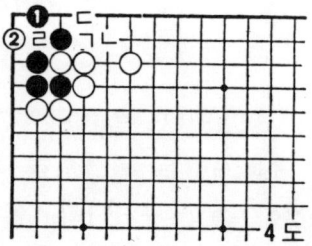

3 도 (죽음) 이렇게 흑 1로 꽉 이으면 백 2를 당해 두 집을 확보하지 못한다. 2도와 비교해 보면 한칸이 좁아서 그림의 혹은 살지 못한다.

4 도 (방향착오) 같은 호구벌림이라도 그림의 흑 1은 착오를 일으킨 것이다. 백 2로 급소에 뛰어듦을 허용해 흑은 결국 죽게 된다. 흑ㄱ, 백ㄴ, 흑ㄷ 해도 백ㄹ로 끊겨 재미없다.

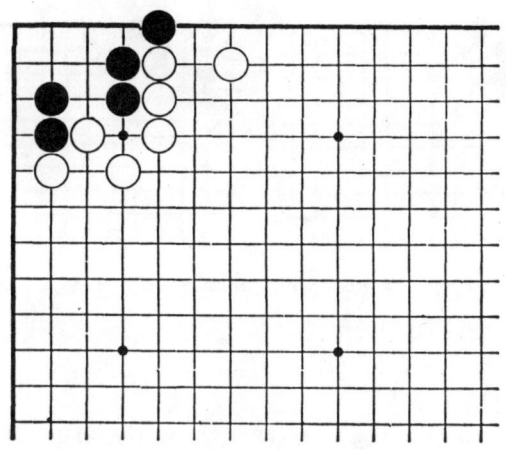

제26문

흑이 먼저 둘 때

흑선으로 귀에서 살 수 있는가가 이 문제의 주요 포인트이다. 흑은 살기위한 급소를 찾아야 한다. 아무렇게나 살 수 없는 문제이다.

이러한 문제는 실전에서도 자주 나타나므로 그 경과도와 결과도를 머릿속에 그려 보고 신중을 기하여 착수하는 습관을 가지는 것이 좋다.

58

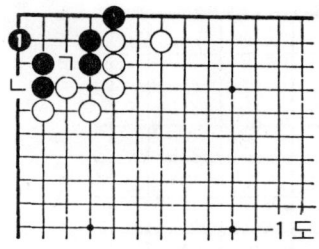
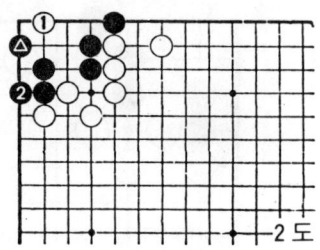

1 도 (정석)　흑1이 올바르며 흑은 무조건 살게 된다.　2
·1의 곳이 급소이다.

흑ㄱ으로 궁도(宮圖)를 넓혀도 백ㄴ에 두면 하나의 집 밖
에 확보하지 못한다.

2 도 (계속)　흑❹로 두었을 경우 백1로 집을　파괴하려
고 해도 흑2로 응수해 그만이다.

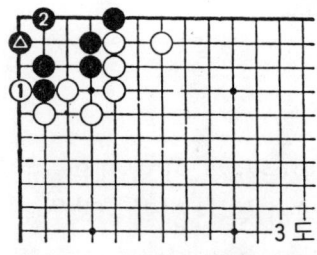
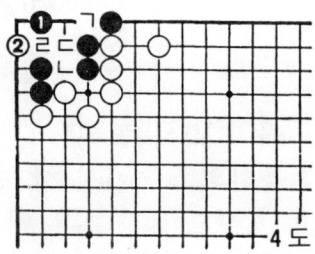

3 도 (변화)　흑❹에 대해서 백1하면 흑2로 나가 가
볍게 두 집이 만들어진다.

이것은 흑❹이 1 과 2 를 맞보고 있으므로 백1이면 흑2,
백2라면 흑1로 응수한다.

4 도 (전멸)　같은 2·1의 곳이라도 이렇게 흑1에　두면
백2를 당해 흑은 전멸이다. 그 이유는 흑ㄱ, 백ㄴ, 흑ㄷ일
때 백ㄹ로 끊기면 스스로 눈을 메우는 것이 되는 것이다.

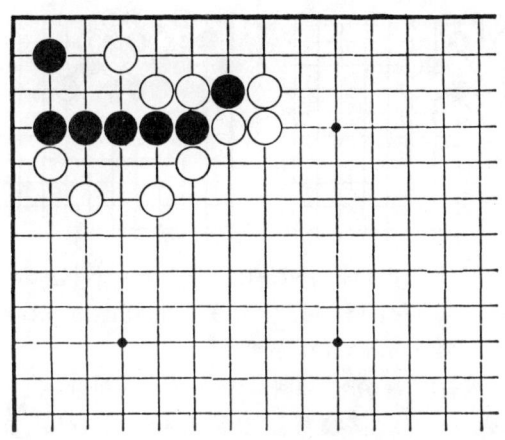

제27문

흑이 먼저 둘 때

흑선으로 귀에서 삶을 도모한다는 것은 결코 쉽지 않다는 것을 한눈에 알수 있다. 이런 경우에 흑으로서는 역공(逆攻)의 묘를 살려야 한다. 흑이 역공을 취할 수 있는 주요한 포인트는 백에 의해 단수되어 있는 오른쪽의 흑 한 점이다. 흑은 이 한 점을 최대한으로 이용하여 반격 작전을 개시하여야 할 것이다.

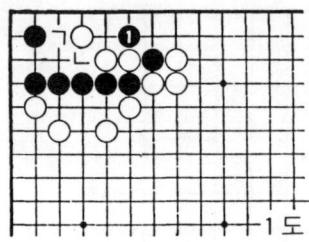

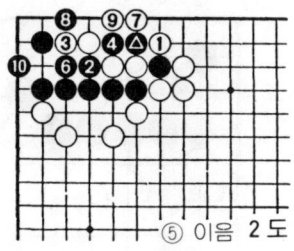

1 도

⑤ 이음 2 도

1 도 (정석) 흑1에 두어 백의 응수를 살피는 것이 올바르다. 흑 1 대신 백ㄱ에 두면 3도가 되고 또 흑ㄴ에 두면 4도가 되어 모두 살지 못한다.

2 도 (계속) 흑●에 대해서 백1로 응수하면 흑2 이하 10까지로 산다. 또 흑● 했을 경우 백4면 흑3이고, 또 백3이면 흑4, 백1, 흑2가 되어 다음과 같이 된다.

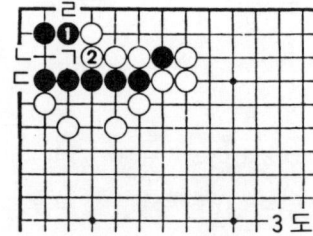

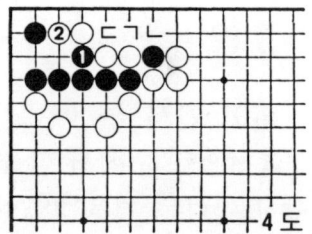

3 도

4 도

3 도 (실패) 평범하게 흑1에 두면 백2를 당해 흑은 두 집을 확보하지 못한다. 이하 흑ㄱ, 백ㄴ, 흑ㄷ, 백ㄹ이 된다.

4 도 (실패) 이렇게 흑1로 두는 것도 실패다. 백2로 응수하여 그만이며 다음에 흑ㄱ일 경우 백은 ㄴ으로 따내지 않고 ㄷ으로 연결해 버린다. 따라서 4도나 3도의 흑1을 두기 전에 흑은 ㄱ의 곳에 선착하여 적의 동정을 엿본다.

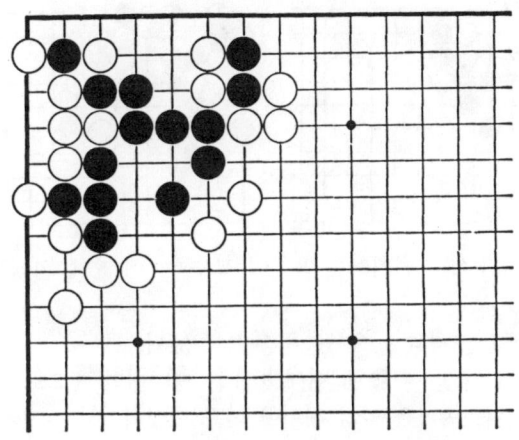

제28문

흑이 먼저 둘 때

현재 흑은 한 집을 확보하고 있다. 그러나 그것만으로는 삶이 충분하지 못하다. 외세를 백이 차단하고 있기 때문에 흑으로서는 백의 세력권 안에서 또한 집을 확보하지 않으면 안된다.

이미 한 집을 확보하고 있다고는 하지만, 또 한 집을 짓기가 그리 용이하지 않은 상태이다.

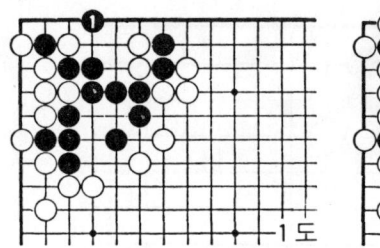 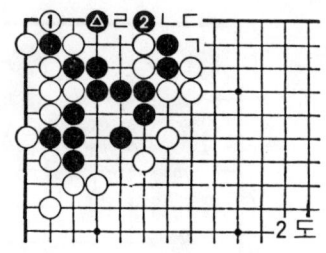

1도 (정석)　여기서는 흑 1이 묘수다. 이 수에 의해서 흑
은 사는 것이다.

이 흑 1은 왼쪽과 오른쪽을 맞보고 있다.

2도 (계속)　흑⦿에 대해 백 1로 빵따내면 흑 2로　넘어
가 버린다. 이것은 약간 위험이 따르는 것이어서 실전에서는
실수하기 딱 알맞다.

백ㄱ에 두면 흑ㄴ, 백ㄷ하면 흑ㄹ이 된다.

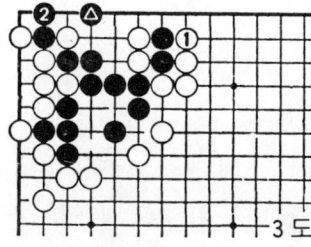 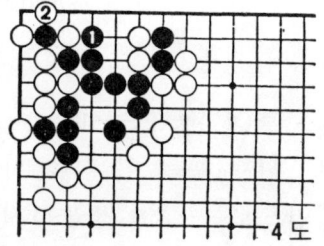

3도 (변화)　2도가 불만이어서 흑⦿일 때 백 1로　두어
넘지 못하게 방어하면 이번에는 흑 2로 내려서서 그곳에　집
하나를 만든다.

4도 (무책(無策))　앞에서 살펴본 것처럼 훌륭한 수가 있
음에도 불구하고 쓸데없이 흑 1, 백 2를 교환해서 죽음을 당
하는 것은 참으로 계략이 없는 행동이라 할 수 있다.

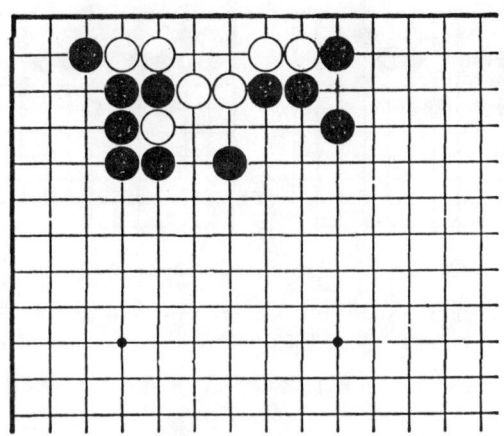

제29문

백이 먼저 둘 때

상당히 재미있는 문제이다. 만약에 백의 수순이 잘못되면 전멸을 당한다.

아무렇게나 집짓기를 하게 되면 백은 흑의 공격을 당해내지 못한다.

신중한 착수가 절실해지는 곳이다.

백이 단순하게 자충수로서 집을 만들려고 하는 것은 지양해야 한다.

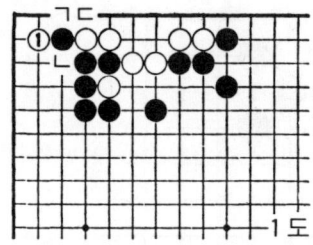

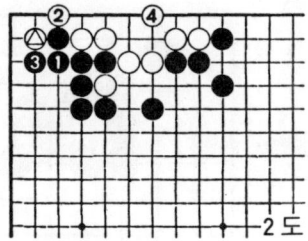

1 도 (정석) 백 1 로 양붙임 하는 것이 올바르다.

그러면 흑ㄱ으로 내리지 못한다. 백ㄴ으로 끊기면 백ㄷ이 들게 되므로 백은 살 수 있다.

2 도 (수순의묘) 흑 1 로 이을 수 밖에 없으므로 백 2, 흑 3 이 된다.

그때 백 4 로 호구벌리는 것이 수순의 묘다. 이것으로 백의 삶이다.

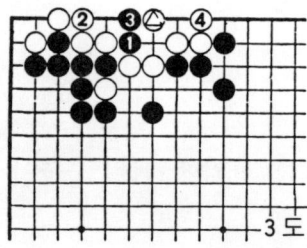

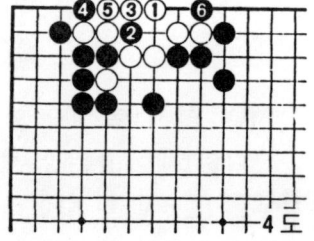

3 도 (계속) 백△일때 흑이 아직도 포기하지 않고 1 로 끊으면 백 2 로 잇는다. 흑 3 으로 집을 파괴해도 백 4 로 오른쪽에 집 하나를 확보해서 백은 산다.

4 도 (수순이잘못) 수순을 제대로 거치지 않고 백 1 로 호구벌리면 흑 2 로 끊고 이하 백 3, 5 에 흑 6 으로 젖혀두면 백은 한 집 밖에 집을 만들지 못해 전체가 죽게 된다.

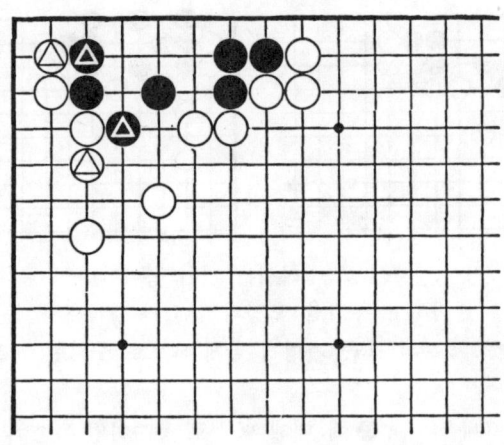

제30문

흑이 먼저 둘 때

흑은 귀를 확보하지 못하고 있기 때문에 집짓기
가 여간 어렵지 않다.

경과도를 그려 보면서 신중히 착수하지 않으면
실패하게 된다. 가장 중요한 것은 제 일착이다. 첫
수를 어디에 어떻게 두느냐에 따라서 그 결과도가
달라지게 된다. 따라서 무엇보다도 제 일착에 신
경을 써야 한다.

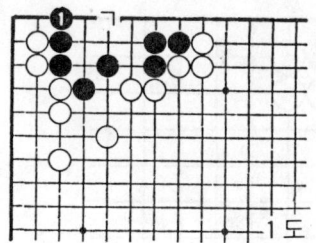 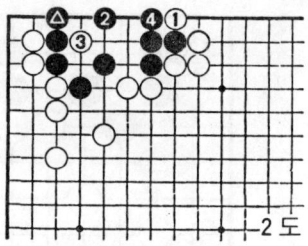

1 도 (정석) 흑 1 로 내려서는 것이 정석이다.

흑 1 을 생략하고 흑ㄱ을 모양의 급소라 생각해서 두는 것은 백 1 로 젖혀와 흑은 가볍게 죽게 되므로 주의할 필요가 있다.

2 도 (계속) 흑●에 대해 백 1 로 응수하면 흑 2 가 좋고 백 3 에는 흑 4 로 받는다. 백 3 으로 4 로 기면 흑 3 으로 수비해서 산다.

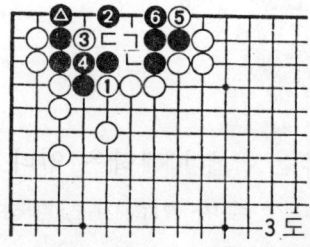 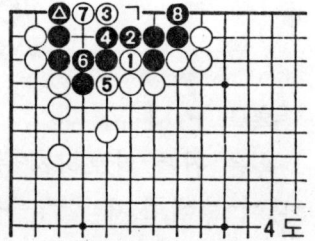

3 도 (변화) 흑●에 대해 백 1 로 집을 파괴하려고 하면 흑 2 로 응수한다. 백 3 에는 흑 4, 백 5 에는 흑 6 으로 이어서 백ㄱ, 흑ㄴ, 백ㄷ 으로 빅수의 삶이다.

4 도 (변화) 흑●에 백 1 이하 3 으로 뛰어들어도 흑 4 로 잇고 백 5 에는 흑 6, 백 7 이면 흑 8 하여 이 다음 백ㄱ이 되어도 빅수로 산다.

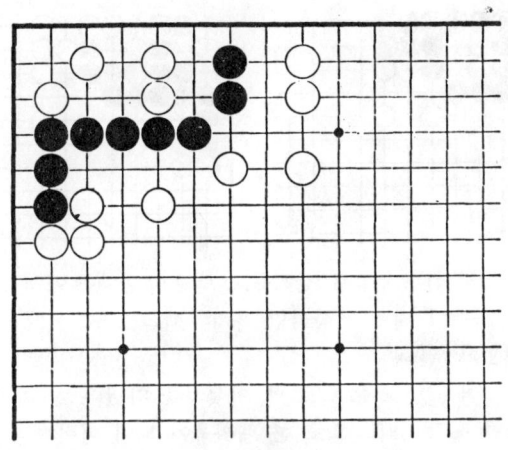

제31문

흑이 먼저 둘 때

결코 쉬운 문제가 아니다. 그러나 해답은 있다.

이 문제를 제대로 풀어나갈 수만 있다면 상당한 실력에 올라 있다는 증거가 된다. 물론 이 문제 자체만으로는 흑이 완전하게 삶을 도모하지 못한다.

흑은 계속하여 귀의 백과 접근전을 벌이지 않으면 안된다. 귀의 백을 이용하여 두 집을 확보하는 것이 바람직한 방법이 될 것이다.

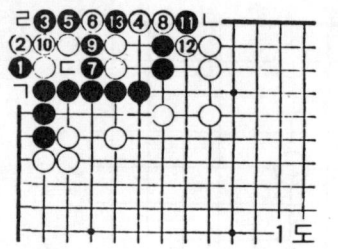 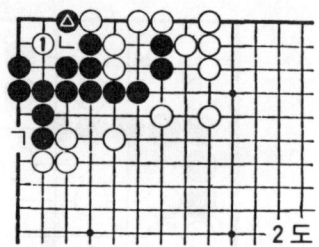

—1 도   —2 도

· **1 도** (정석) 흑1로 젖혀두고 백2 일때 흑3 이하 13이 정석이다. 백이 패로 저항하면 흑ㄱ, 백ㄴ, 흑ㄷ, 백ㄹ, 흑5, 백3 이 된다.

2 도 (계속) 흑▲으로 백 여섯점을 따냈다. 이때 백1로 뛰어들면 흑ㄱ, 백ㄴ으로 큰 패싸움이 되어 버린다. 그래서 완전하지 못하다.

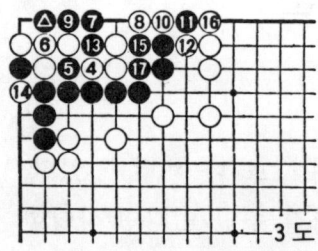 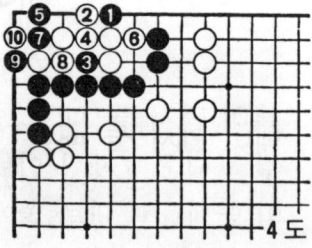

—3 도   —4 도

3 도 (변화) 흑▲에 대해 백4로 궁도를 넓혀오면 흑5로 끼우고 백6 일때 흑7로 뛰어든다. 백8 에는 흑9로 이어 백이 오른쪽으로 탈출하면 13의 곳을 끊어서 산다.

4 도 (실패) 상식적인 수법인 흑1은 백2로 막고서 6 까지 오른쪽에 한집을 확보하게 된다. 왼쪽에서도 백8로 잇고 10으로 먹여쳐 백은 산다.

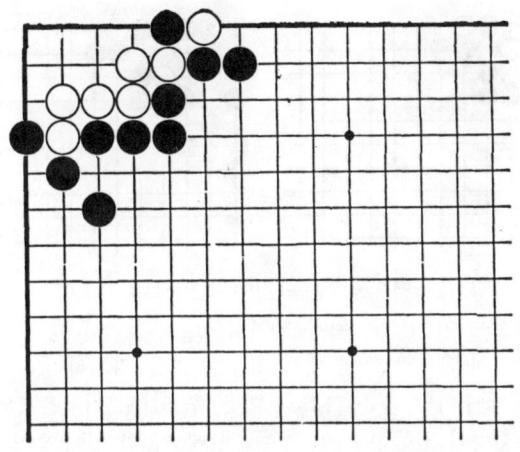

제32문

백이 먼저 둘 때

이러한 모양은 실전에서 흔히 나타난다. 화점에 놓여있는 흑에 대하여 백이 3·3에 뛰어들었을 경우에 곧잘 이런 모양이 나타난다. 이때 백이 무조건으로는 살지 못한다. 맥의 흐름을 잘 살펴보고 신중한 착수를 하지않으면 안된다. 경과도를 머릿속에 그려 보면서 수순을 진행해 보자.

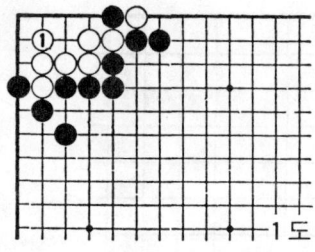 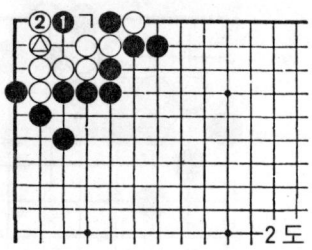

1 도 (정석) 백 1로 두는 것이 올바르다.

여기서는 이 한 수 외에는 어렵다.

2 도 (계속) 백⊘에 대해 흑 1로 집을 파괴하려고 해도 백 2로 응수하면 흑은 ㄱ으로 이을 수 없다. 이것은 오른쪽 위 백 한점이 활동하고 있기 때문인데 이 한 점이 없으면 백 은 죽게 되는 것이다.

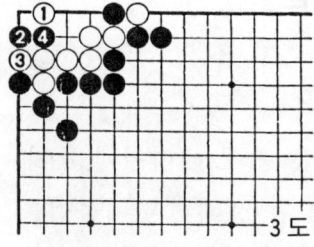 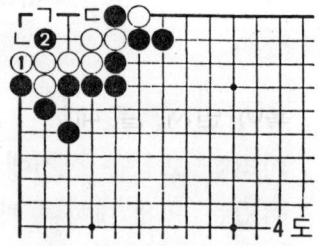

3 도 (실패) 2·1은 귀의 급소에 해당하긴 하지만 여 기서는 실패다. 흑 2, 4하면 백은 두 집을 확보하지 못해 죽 는다.

4 도 (중요한 수) 그림의 백 1도 역시 실패다.

흑 2가 결정타다. 백ㄱ으로 두어도 흑ㄴ이 되어 그만이다. 또 백ㄷ에 둔다 해도 역시 흑ㄴ으로 받아서 좋다.

방향을 바꾸어 백 1 대신 ㄷ에 두어도 흑 2로 응수한다.

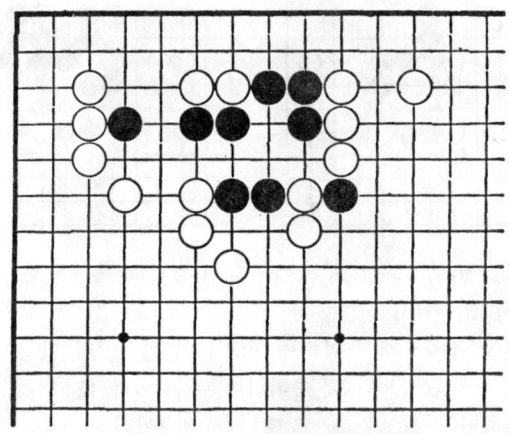

제33문

흑이 먼저 둘 때

여기에서 가장 중요한 것은 흑의 세력권에 들어 있는 두 점을 어떻게 제압하고 두 집을 확보하느냐 하는 것이다.

이러한 모양의 문제는 주로 프로 기사들의 실전에서 곧잘 볼 수가 있다.

약간 어려운 문제라고 할 수 있다.

신중을 기하여 경과도를 그려 본 후에 효과적인 착수를 하여야 할 것이다.

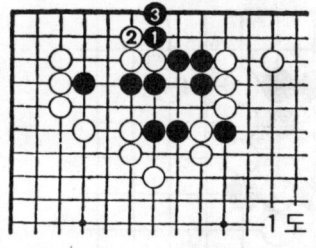 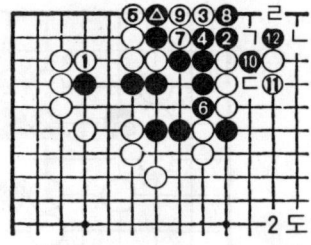

1 도 (정석) 흑 1 로 젖혀두고 백 2 일때 흑 3 으로 내려서 는 것이 묘수여서 산다.

이것을 올바르게 풀었다면 프로급의 실력이라 할 수 있다.

2 도 (계속) 백 1 로 수비하면 흑 2 이하 12까지 오른쪽 에 집 하나를 확보한다. 흑12다음 백ㄱ이라면 흑ㄴ, 백ㄷ, 흑ㄹ이 된다. 또 백 3 으로 ㄱ에 두면 흑 3 으로 7 과 6 을 맞보기로 삼아 가볍게 살아 버린다.

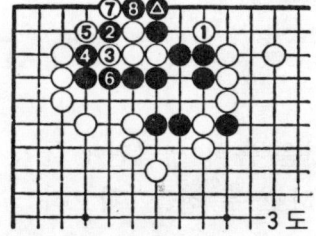 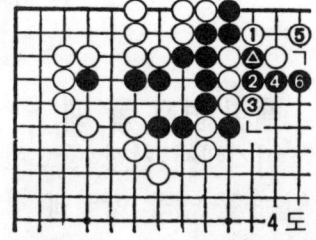

3 도 (변화) 백 1 로 두어 오른쪽에서부터 집을 파괴하려 고 하면 흑 2 가 급소의 일격이고, 이하 흑 8 의 연단수로 백 넉점을 잡아서 가볍게 살게 된다.

4 도 (변화) 2 도의 흑10에서의 변화다. 흑● 일때 백 1 에서 5 까지 반발하면 흑 6 으로 늘어 ㄱ으로 단수하는 것과 ㄴ으로 잡는 것을 맞보아 흑은 산다.

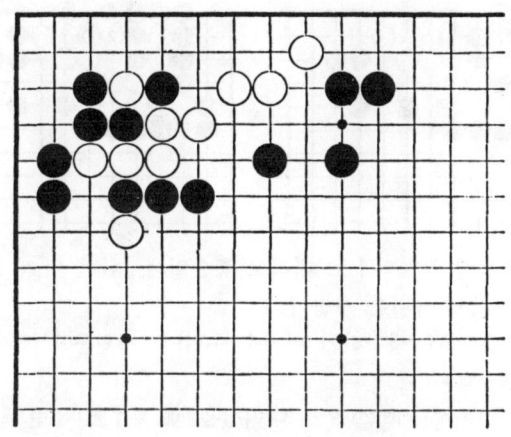

제34문

백이 먼저 둘 때

이 문제 역시 수준급의 문제이다. 쉽게 생각하다간 큰일 난다.

수읽기의 힘이 절대적으로 필요한 문제이다. 적어도 스무 수 앞까지 내다볼 줄 아는 지혜가 있어야만 무난히 문제의 해답을 찾아낼 수 있을 것이다.

왼쪽 위의 백 한 점과 흑 한 점, 그리고 아랫쪽의 역학 관계를 잘 생각해 보고 신중한 착수를 하여야 한다.

74

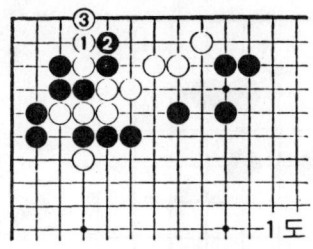 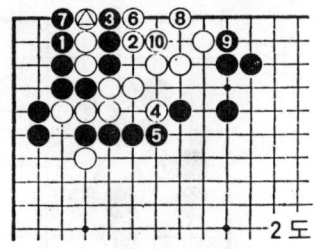

1 도 (정석)　백 1 로 내리고 흑 2 일때, 한번 더 백 3 으로 내리는 것이 올바른 수순이다.

이것은 보통 생각하기 어려운 수지만 '사활문제'에서는 일반적인 맥이다.

2 도 (계속)　백△으로 내려섰을 때 흑 1 로 두면 백 2 , 흑 3 은 당연하다. 백 4 , 흑 5 의 교환 다음 백 6 , 8 로 산다. 단 흑 1 로는 2 에 구부려서 저항한다. 왜냐하면 —

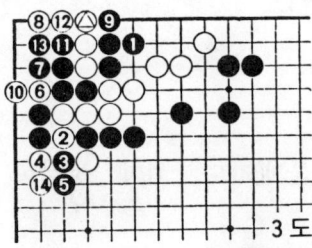 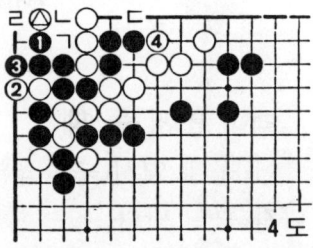

3 도 (변화)　백△에 흑 1 하면 백 2 로 나오기 때문이다. 백 4 는 즉시 이렇게 두지 않아도 되지만 이해하기 쉽게 하기 위해서 여기서는 백 4 에 두었다.

백 6 에서 10 으로 내리고 14 까지로 삶이다.

4 도 (변화)　3 도의 8 (백△)에 대하여 1 이하 백 2 , 4 로 산다. 또 이 흑 1 로 3 에 두고 백 4 에 흑ㄱ, 백ㄴ에 흑 1 , 백ㄷ에 흑ㄹ로 먹여쳐 패로 만들을 수도 있다.

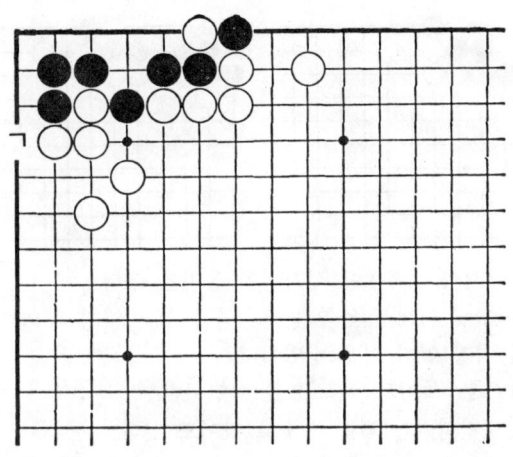

제35문

혹이 먼저 둘 때

혹선으로 귀에서 살 수 있느냐 하는 것이 이 문제의 주요 안건이다. 현재 혹은 불리한 입장에 놓여 있다. 급소를 짚지 않는다면 살기가 그다지 쉽지 않다.

또한 만약 ㄱ의 곳에 백돌이 놓여져 있다면, 그리고 혹선으로 귀에서 살려고 한다면 결과는 어떻게 될까?

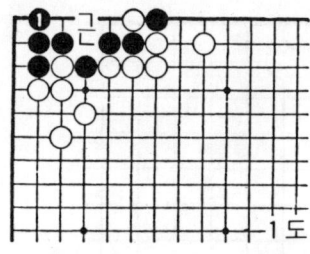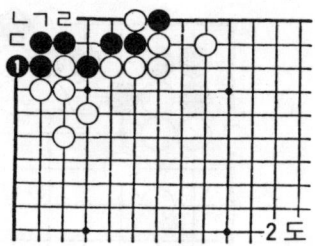

1도 (정석) 흑1이 살기위한 올바른 수다.

이 한수에 의해서 왼쪽과 오른쪽에 집 하나가 확보되므로 이것이 가장 알기 쉬운 방법이다.

백ㄱ으로 두어도 흑ㄴ으로 그만이다.

2도 (변화) 이처럼 흑1로 뻗어도 산다.

이 경우 백ㄱ으로 두어도 흑ㄴ으로 먹여친 다음 백ㄷ, 흑ㄹ이 되어 살 수 있다.

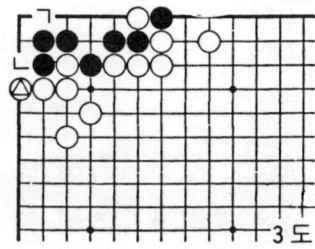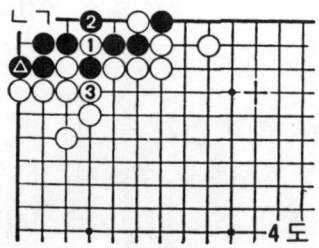

3도 (비교) 제3문에 이렇게 백◎가 착수해 있을 경우 흑은 ㄱ의 곳에 두어 살아야 하며 흑ㄴ으로 사는 것은 손해 다. 물론 어느쪽을 택하든 마찬가지로 산다.

4도 (손해) 흑●가 ㄱ보다 손해라는 이유에 대해 알아 본다. 흑●에 두면 백1, 흑2, 백3의 여지가 있으므로 흑 이 이으면 백ㄱ의 급소에 붙여와 흑ㄴ으로 패가 되어 버린다.

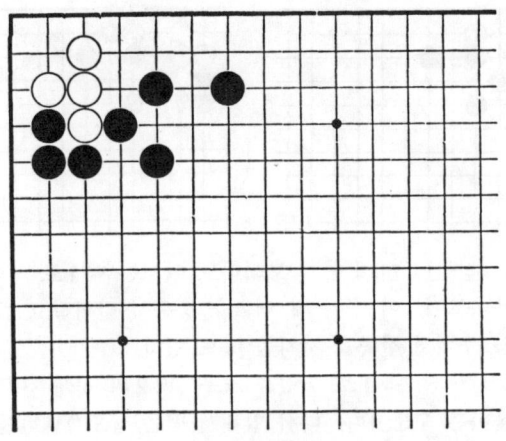

제36문

흑이 먼저 둘 때

이 그림은 그다지 어렵지 않는 문제이다. 수읽기의 능력이 다소라도 있는 사람이라면 충분히 해답을 구할 수 있을 것이다.

이러한 문제는 실전에서도 자주 나타난다. 그러나 너무 쉬운 나머지, 소홀히 다루는 사람들이 많은 것 같다.

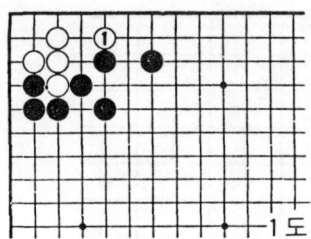 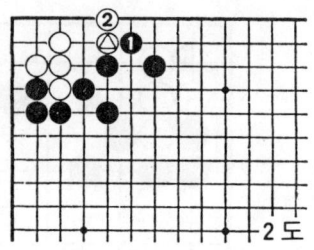

1도 (정석) 어느 누가 보더라도 여기는 백1로 붙여두는 것이 올바르며, 이 수는 제 역할을 충분히 발휘하고 있다. 자칫 다음 수에서 잘못을 저지를 수도 있다.

2도 (계속) 흑1로 눌렀을 경우, 백2의 곳에 내려서는 것이 올바른 수순이다. 다시 말해서 백은 궁도(宮圖)를 넓혀 살기 위한 기초단계를 충실히 닦은 것이다.

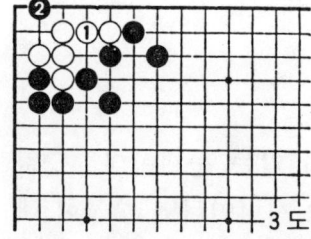 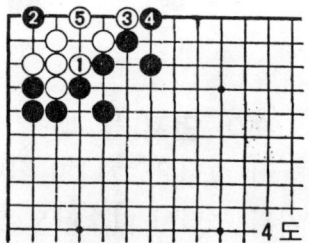

3도 (죽음) 대부분 그림과 같이 백1의 곳에 잇지 않을 것이다. 백1로 이으면 흑2로 급소에 뛰어들어 백은 모두 죽음을 당한다.

4도 (패싸움) 백1도 좋지 않은 수이다.

흑2로 뛰어들면 백은 3, 5의 패로 저항할 수 밖에 없는데 이것은 사활을 건 패싸움을 쓸데없이 일으킨 결과밖에 되지 않는다.

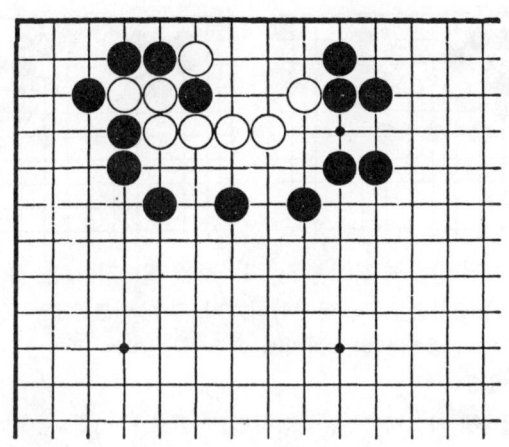

제37문

백이 먼저 둘 때

백의 궁도가 그리 넓지 못하고, 또한 흑의 외세가 두텁기 때문에 백으로서는 여간 어려운 싸움이 아니다.

만약 흑이 백의 급소를 찌르고 들어온다면 백은 꼼짝없이 죽고 만다.

백은 이러한 위험부담을 가지고 흑과 싸움을 하지 않으면 안된다.

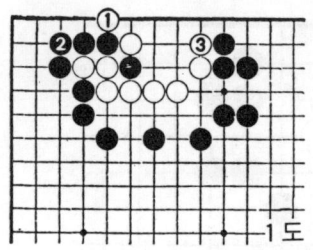
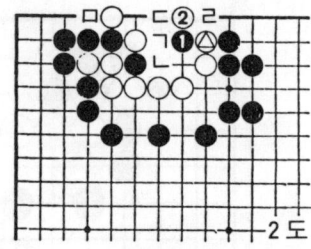

1 도 (정석) 백 1 로 젖혀두는 것은 절대적이다. 흑 2 로
이어서 응수하는 것도 당연하다. 이 경우 백 3 으로 궁도를
넓히는 것이 올바르다. 여기서 흑은 두가지의 공격법을 생각
할 수 있겠다.

2 도 (계속) 흑 1 로 공격하면 백 2 로 수비한다. 이하 흑
ㄱ, 백ㄴ, 흑ㄷ, 백ㄹ이 된다. 또 백 2 로 젖혀두지 않고 백
ㄹ로 내려서면 흑ㄱ, 백ㄴ, 흑ㅁ으로 패가 만들어진다.

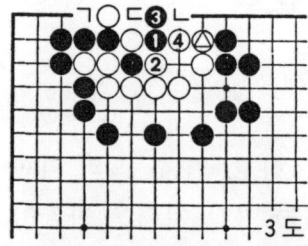
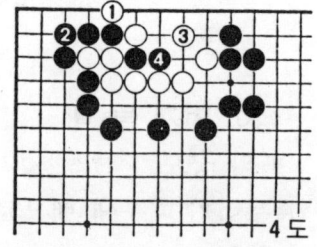

3 도 (변화) 백⊘에 대해 흑 1 로 응수하면 백 2 로 빵따
내고 흑 3 으로 내려서면 백 4 로 수비한다. 이 다음 흑ㄱ에
대해서는 백ㄴ으로 받는다. 백 4 의 수로 ㄷ 등에 이으면 흑
ㄱ을 당해 백이 죽음을 맞는다.

4 도 (나쁨) 백 1, 흑 2 다음 백 3 등으로 좁게 수비하면
흑 4 로 집이 파괴당해 하나의 집밖에 확보하지 못한다. 여기
서는 한줄(一路)이라도 궁도를 넓혀야 산다.

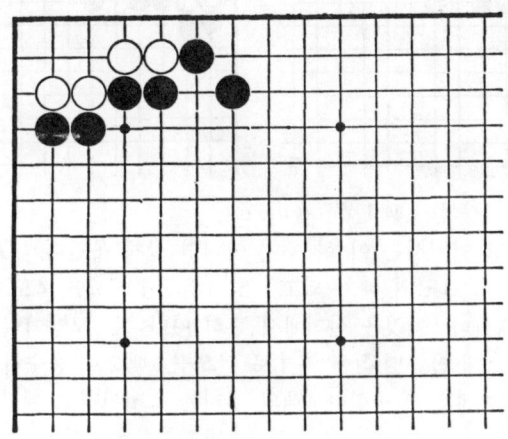

제38문

백이 먼저 둘 때

백선으로 귀에서 살 수가 있을까?

언뜻 보면 백이 살기란 어렵게 보인다. 그러나 이렇게 비좁은 곳에서도 문제를 풀어 나갈 수 있는 수는 있다.

급소와 묘수를 잘 이용하면 의외에도 변화무상한 국면을 이끌어갈 수가 있는 것이다.

귀에서 사는 법을 상기해 보자. 수읽기의 힘을 이용하여 수를 찾아 보자.

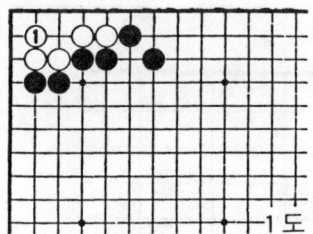 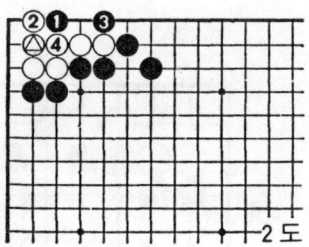

1도 (정석) 백1이 올바르다.

그리고 여기서는 이 한 수가 아니면 살지 못한다. 호구로 벌릴 경우 3도의 패가 되고 2·1을 수비하면 4도가 되어 실패한다. 이것은 실전에서 흔히 나타나는 모양이다.

2도 (계속) 백⊙에 흑1로 막으면, 백2로 응수하고, 흑 3하면 백4로 응수한다. 백의 실리는 4집이라고 계산할 수 있겠다.

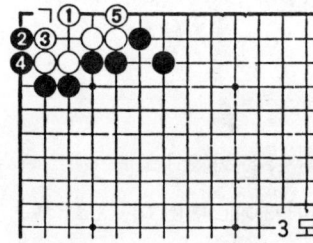 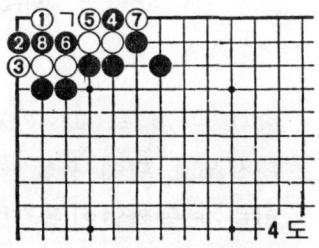

3도 (패) 그림에서 보는 것처럼 백1하면 흑2가 공격의 급소가 되어 이하 백3, 5가 되는데, 흑ㄱ의 먹여치기를 당하면 패가 되어 버린다. 무조건 살 수 있는 것을 패로 만들어서는 실패라 아니할 수 없다.

4도 (죽음) 귀의 급소인 2·1(제1선과 제2선의 교차점)의 곳에 백1을 두면 흑2 다음 4의 젖힘을 당해 죽는다.

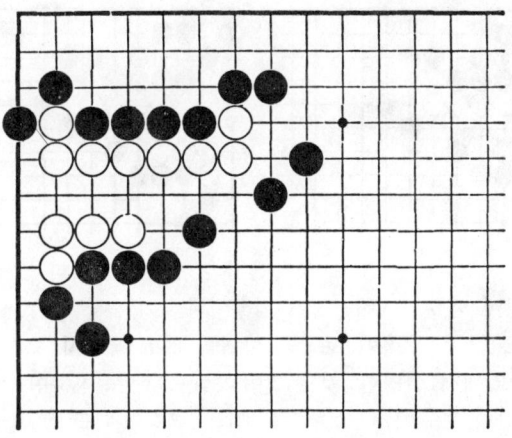

제39문

백이 먼저 둘 때

백이 상당히 불리한 게임이다. 이대로 어물어물하다간 꼼짝없이 죽고 말 것이다.

비상한 묘수를 터뜨리지 않고서는 현재의 난국을 타개해 나갈 수가 없다. 수읽기를 통하여 그 경과도와 결과도를 미리 그려 보고 올바른 수순을 결정하지 않으면 안된다.

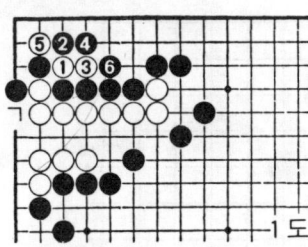
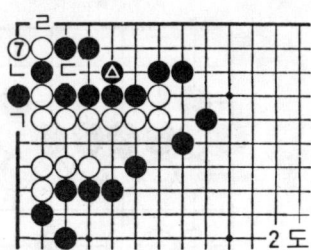

1도 (정석) 백1로 끊기면 흑2는 절대적이다. 백3, 흑4일때 백5로 끊는 것이 정석이다.

2도 (계속) 흑이 두점을 따냈을 경우 백7이 중요한 수이다. 앞에서 설명한 것과 같이 백은 ㄱ에 선착하면 가볍게 전부 산다. 또 여기서는 다음 백ㄴ, 흑ㄷ, 백ㄹ로 귀의 한 집도 확보하고 있어서 만족이다.

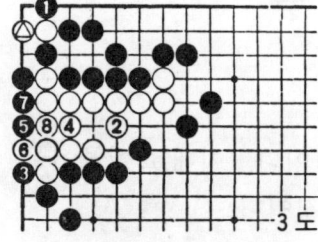
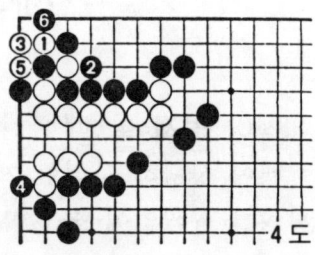

3도 (계속) 백⊘에 흑1로 응수하면 백2 이하 8까지 백⊘의 작용으로 연단수가 성립한다.

4도 (실패) 끊기는 잘 했는데 백2로 늘지 않고 바로 백1, 3하면 흑4를 당해 백5, 흑6의 패가 되므로 백은 실패다.

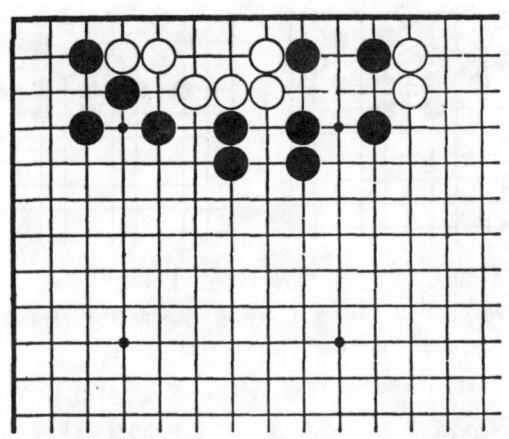

제40문

백이 먼저 둘 때

이 문제 역시 상당히 어려운 수준급의 문제이다. 이 문제에서 가장 중요한 것은 바로 수순이다. 수순이 잘못되면 백은 꼼짝 못하고 죽는다.

흑의 외세는 의외로 튼튼하다.

흑은 절묘한 방법으로 두 집을 확보하지 않으면 안된다.

과연 멋진 일착은 어디인가?

수읽기의 힘을 이용하여 수를 찾아 보자.

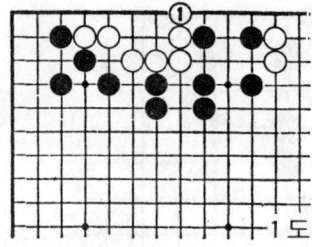

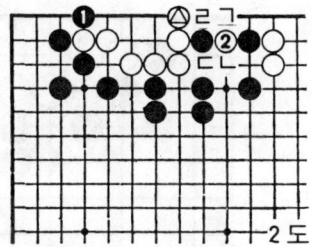

1도 (정석)   백1로 내리서는 것이 정석이다.

이렇게 하면 그 자리에서 두집을 확보하거나 아니면 오른쪽으로 넘는 수를 맞보게 되어 완전한 삶이다.

2도 (계속)   백⬭에 대해 흑1로 계속해서 집을 파괴하는 작전으로 나오면 노리고 있었던 백2로 끼워둔다.   이 다음 흑ㄱ이면 백ㄴ, 흑ㄷ, 백ㄹ로 두어 오른쪽으로 넘어 좋다.

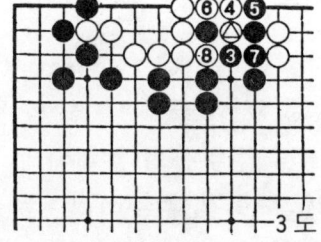

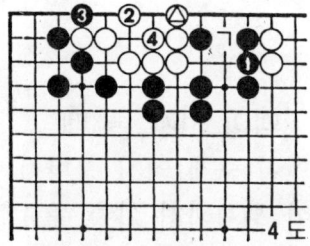

3도 (계속)   백⬭에 흑3으로 단수하면 백4, 흑5, 백6은 외곬수이다. 그때 흑7, 백8을 교환하여 백은 멋진 삶이 된다.

4도 (변화)   먼저 백⬭일때 흑1로 백의 끼움수를 방어하면 백2, 4하여 두개의 집을 확보한다. 이것은 백⬭가 2의 곳과 ㄱ의 곳을 맞보고 있기 때문이다.

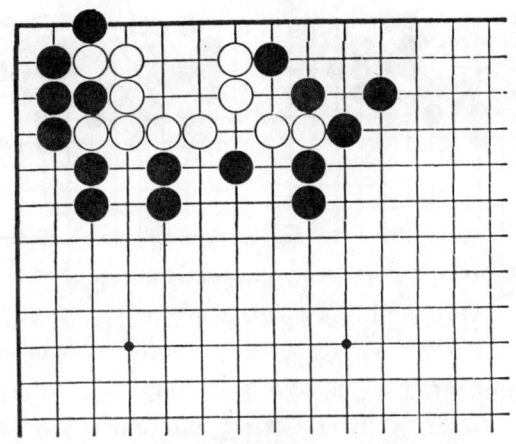

제41문

백이 먼저 둘 때

이 그림은 흑에게 포위된 백이 어떻게 하면 두 집을 확보하여 삶을 도모할 수 있는가 하는 것을 주안점으로 한 문제이다.

현재 이 모양으로는 백의 궁도가 좁기 때문에 두 집을 확보하기가 여간 어렵지 않다.

흑의 외세를 이용하여 두 집을 효과적으로 확보할 수 있도록 백은 전격작전을 펴지 않으면 안된다. 이 문제에서도 수순이 중요하다.

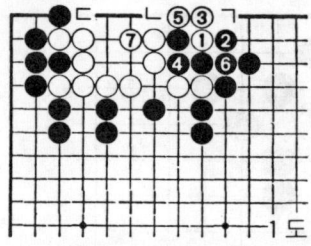

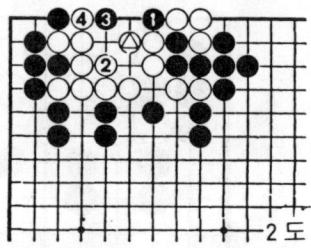

1 도 (정석) 백 1 붙여두는 것이 정석이다.

백 1 이면 흑 2 이하 4 는 불가피하며 백 5 로 흑 6 을 강요한 다음 백 7 로 산다. 흑 4 로 5 에 두거나 ㄱ에 두면 백ㄴ이 듣고 있어 백ㄷ으로 '육궁'의 삶이 된다.

2 도 (계속) 백△ 다음 흑 1 로 먹여치면 백 2 로 응수한 다. 흑 3 으로 계속해서 집을 파괴하려고 들면 백 4 로 늘어선다. 그러면 흑은 이을 수 없다.

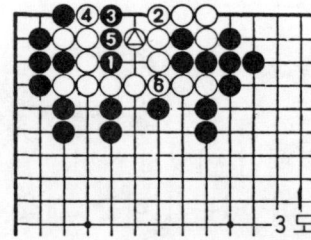

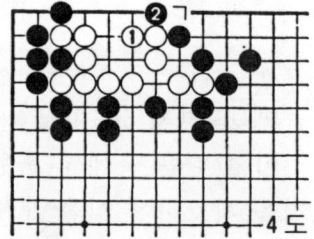

3 도 (변화) 백△일 때 흑 1 로 집을 파괴하려고 해도 백 2 로 꽉 잇고 백 6 까지, 이것도 역시 빅으로 산다.

4 도 (실패) 처음에 완벽한 사전공작 없이 백 1 로 두면 흑 2 의 젖힘수를 당해 백은 살지 못한다. 요는, 백의 모양은 ㄱ에 백이 가수되면 살고 그렇지 못하면 죽는 것이다.

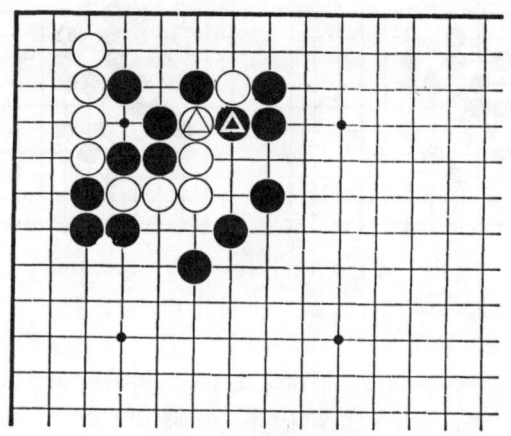

제42문

백이 먼저 둘 때

이 그림은 귀에 갇힌 백 4 점과 중앙에 갇힌 백 5 점을 어떻게 하면 효과적으로 살릴 수 있는가 하는 것을 주안점으로 한 문제이다.

수순이 잘못되면 백은 맥없이 죽고 만다.

백은 먼저 윗쪽에 있는 흑 5 점에 대하여 공세를 취하지 않으면 안된다. 현재 백 한 점이 단수되어 있기 때문에 백은 우선적으로 그 한 점을 끌어내려서 살리지 않으면 안된다.

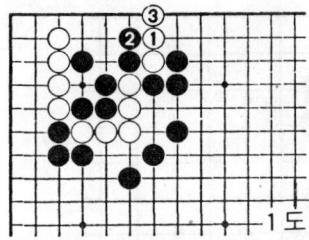

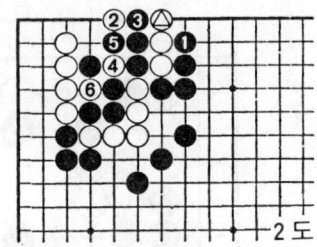

1도 (정석) 백1로 내려서는 수는 일반적인 수로 당연한데 흑2일 때 백3으로 다시 한번 내려서는 것이 교묘하며 정석이 된다.

2도 (계속) 백△에 대해 흑1로 응수하면 백2가 흑의 공배를 메우는 훌륭한 수다. 흑3일 때 백4로 먹여치고 흑5에는 백6으로 단수해 흑은 이을 수가 없으므로 백은 사는 것이다.

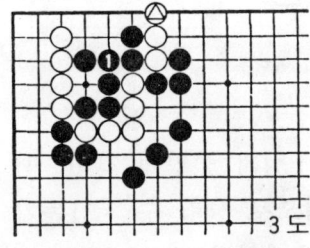

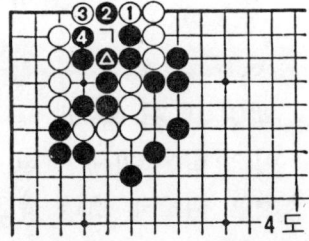

3도 (저항) 2도는 백이 너무나 훌륭하게 살았는데 흑도 이에 저항하는 비상수단이 있으므로 이에 대해 알아본다. 그 비상수단이란 백△일 때 흑1로 잇는 수를 말한다.

4도 (계속) 흑●에 대해 백1로 두면 흑2로 막는다. 백3으로 단수하면 흑4의 패로 저항하고 백ㄱ으로 두어 패를 따낸다. 따라서 여기서는 무조건 산다고 할 수 없겠다.

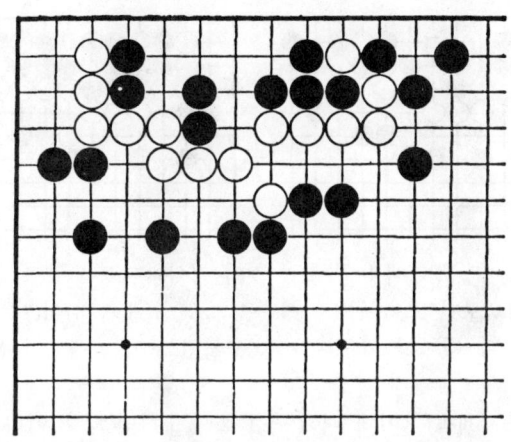

제43문

백이 먼저 둘 때

백은 엄청난 대마를 이끌어 오면서도 아직 두집을 확보하지 못하여 삶을 위협당하고 있는 실정이다. 흑은 안팎으로 백의 삶을 위협하고 있다.

백은 할 수없이 흑에 대하여 끊음수의 묘를 발휘하는 수 밖에 없다.

여기에서도 수순이 중요하다.

수읽기의 힘을 이용하여 올바른 수순을 찾아보자.

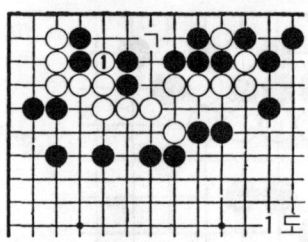 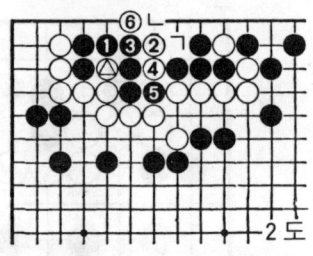

1도 (정석) 백1로 두는 것이 정석이다.

모양으로만 보아서는 이때 ㄱ으로 급소에 뛰어드는 것이 올바른 것 같지만 이 경우는 속수처럼 보이는 백1이 올바르다.

2도 (계속) 이에 대해 흑1로 응수하면 백2 이하 흑5가 된다. 그때 백6으로 젖혀두고 흑ㄱ, 백ㄴ을 교환한 다음에는 뛰어듦수가 되기 때문에 흑은 단수할 수 없다.

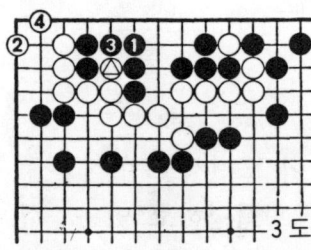 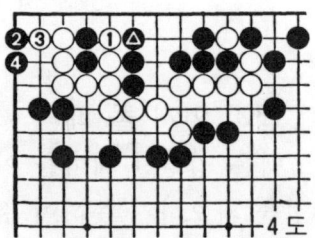

3도 (변화) 2도에서는 흑이 일곱점이나 잡혀서 괴로우므로 실전에서는 이 흑1로 응수한다. 그러면 백은 왼쪽 윗귀로 눈을 돌려서 백2, 4라는 결과가 된다.

4도 (실패) 3도의 백2를 생략하고 이렇게 백1로 흑 두점을 따내면 흑2의 '눈목자'로 두어서 백은 전멸이다. 흑 ◉일 때 왼쪽윗귀로 방향을 바꾸는 것이 중요하다.

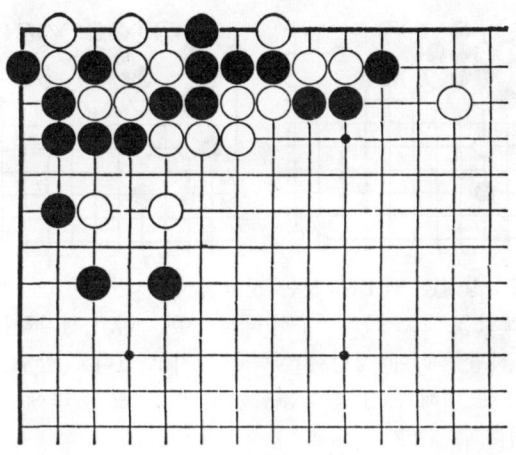

제44문

백이 먼저 둘 때

재미있는 문제이다. 어떻게 하면 귀의 백 7 점을 살릴 수 있을까?

여기에서 가장 급선무는 백에게 포위된 흑 6 점에 대한 수 계산이다. 이 흑 6 점을 제압하는 것이 곧 백이 살 수 있는 유일한 길이다.

이 문제의 포인트는 바로 수싸움이다.

수싸움에서 가장 중요한 것은 바로 수순이다.

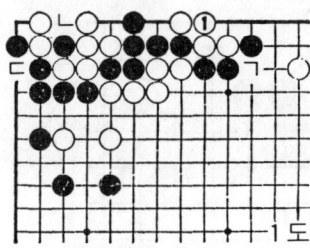
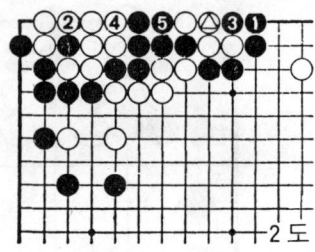

1도 (정석) 백1로 잇는 것이 올바르다.

이 모양을 보고 즉시 「후절수(後切手)」라고 생각하는 사람은 '사활문제'에 상당한 실력을 가지고 있다고 할수 있다. 이 백1에 대해 흑ㄱ으로 응수하면 백ㄴ, 또 흑ㄷ에 두면 백ㄱ이다.

2도 (계속) 그러므로 백⚫에 대해 흑1로 내려설 수 밖에 없다. 백2라면 흑도 즉시 3으로 단수해야 한다.

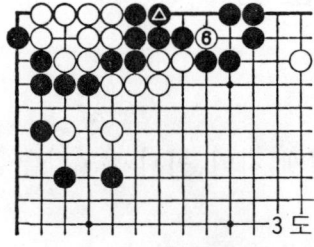
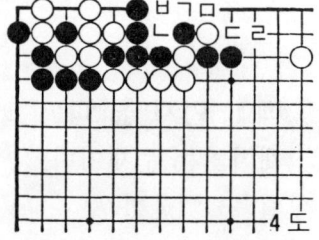

3도 (계속) 흑⚫으로 백 넉점을 따냈는데 여기서 따낸 자리를 백6으로 끊으면 소위 「후절(後切)」수가 되어 백은 크게 이익을 보고 산다.

4도 (발양론) 이 문제는 「발양론」에 수록되어 있다. 물론 백ㄱ의 한수 뿐인데 흑ㄴ으로 이으면 백ㄷ, 흑ㄹ, 백ㅁ으로 본문제와 같은 뒷걸음 수가 되는데 실전에서는 백ㄱ 흑ㅂ의 패씨움이 되기가 쉽다.

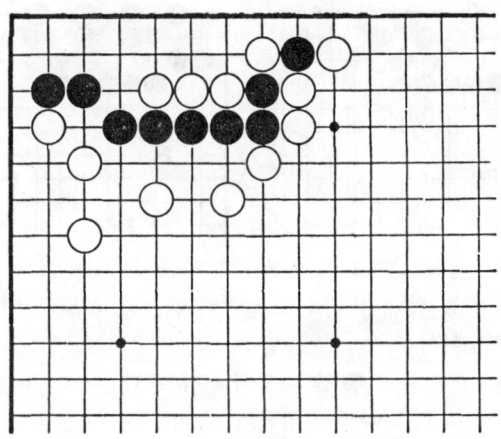

제|45문

흑이 먼저 둘 때

흑이 귀에서 두 집을 확보하기 위해서는 백의
세력을 차단해야 한다.

이곳에는 끊음수가 주효하다.

역공법으로서 두 집을 확보할 수 있도록 하는
것이 흑의 급선무이다.

여기에서도 수순이 중요하므로 수읽기를 하여
빈틈없이 착수를 하도록 하여야 한다.

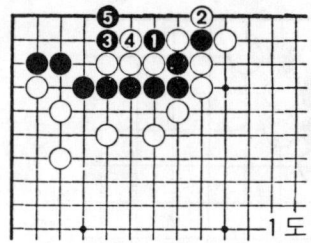 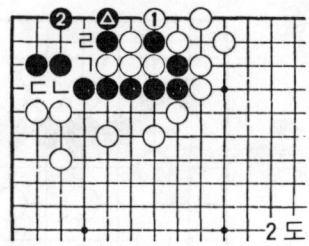

1 도 (정석) 흑 1 에 대한 백 2 의 응수는 당연하다.

다음 흑 3 에 대한 백 4 도 당연하며 그때 흑 5 로 내려서는 것이 묘수여서 흑은 살 수 있다.

2 도 (계속) 흑●는 다음에 흑 1 로 내려서는 수를 보고 있으므로 백 1 로 따낼수 밖에 없다. 그러면 흑 2 의 급소를 먼저 두어 이 다음 백ㄱ이면 흑ㄴ을 뻗어 ㄷ과 ㄹ을 맞보아서 산다.

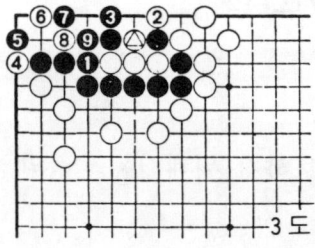 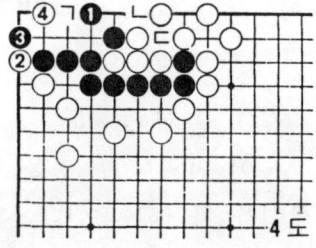

3 도 (실패) 흑 1 로 단수해 백 2 를 강요해서 흑 3 으로 두면 백 4 로 젖혀둔다. 흑 5 로 막으면 백 6 으로 급소에 뛰어들어 패가 되어 버린다.

4 도 (실패) 3 도의 흑 3 으로 4 도의 흑 1 에 두어도 역시 실패다. 백 2 , 흑 3 다음 다음 백 4 의 급소에 뛰어든다. 흑ㄱ에 두어도 백ㄴ으로 죽는다. 먼저 흑ㄴ으로 먹여쳐 백 ㄷ, 흑ㄱ이라면 패가 되지만 실패다.

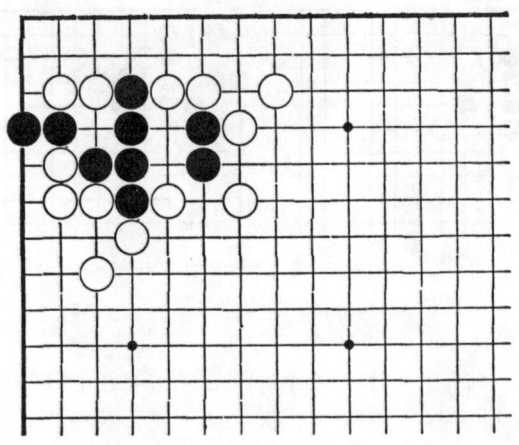

제46문

흑이 먼저 둘 때

현재 흑은 곤란한 국면에 봉착해 있다. 그러나
이 그림이 그다지 어려운 문제는 아니다.

수읽기의 능력이 다소라도 있는 사람이라면 충
분히 수를 찾을 수 있을 것이다. 귀에 뛰어들어온
백 두 점을 효과적으로 공략해야 한다.

수계산을 하여 본 후에 착수를 하도록 하는 것
이 수싸움에 이길 수 있는 방책이 될 것이다.

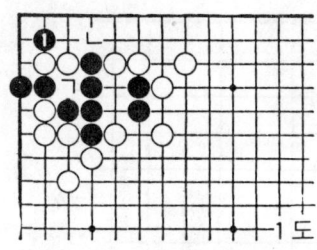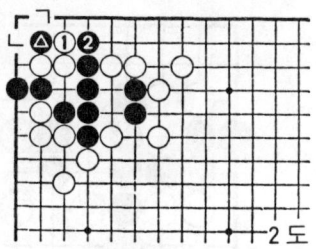

1도 (정석) 여기서는 흑 1 의 붙임수가 올바르다.

이것을 '두점 배(腹部)에 붙임수'라고 일컫는다. 흑이 살기 위해서는 이 수 외에 없다.

2도 (계속) 백 1 로 응수하는 것은 당연하며 이에 대한 흑 2 도 당연하다. 만약 흑 2 를 손빼어 백 2 를 당하면 아무것도 안된다. 이 다음 백ㄱ이면 흑ㄴ, 또 백ㄴ이면 흑ㄱ 에 두어 두점으로 키워서 버리고 살기 위한 것이다.

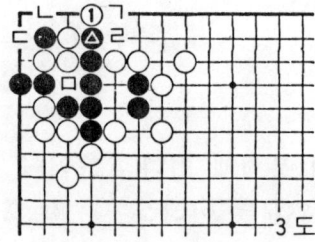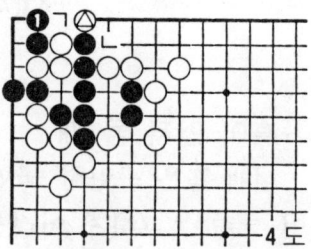

3도 (계속) 백 1 로 젖혀둔다. 흑ㄱ으로 막으면 백ㄴ, 흑ㄷ, 백ㄹ로 패가 되고 또 흑ㄹ로 구부리면 백ㄷ, 흑ㄴ, 백ㅁ이 되어 그만이다.

4도 (계속) 백△에는 흑 1 이 올바르다. 1도의 배붙임 수에서부터 4도의 흑 1 까지가 흑의 일관된 수순이다.

백ㄱ은 흑ㄴ으로 응수한다.

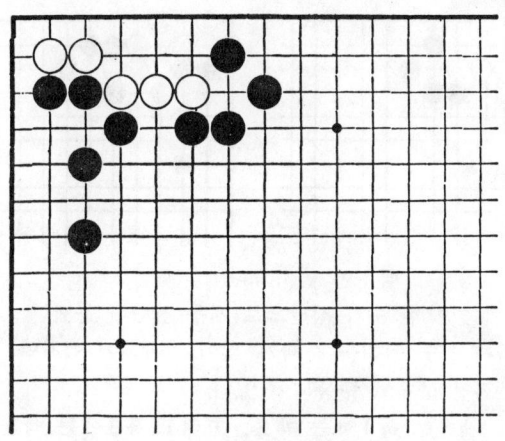

제47문

백이 먼저 둘 때

이 문제는 비교적 쉬운 문제이다.

그러나 소홀하게 생각하는 것은 금물이다.

백은 귀와 오른쪽의 빈 곳에 대한 작전을 세워야 한다. 윗변 제 일선에 있는 흑 한 점이 두렵다.

과연 어떻게 하면 백이 흑세를 방어하고 두 집을 확보할 수 있을까 ?

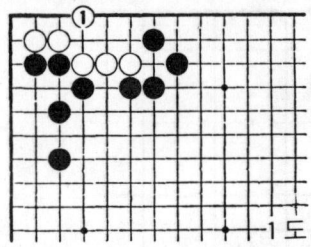

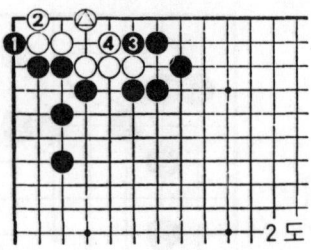

1 도 (정석) 백 1 이 올바르다.

여기서는 이 한 수가 정답으로 매우 간단한 문제다. 「기경 중묘」에는 아주 어려운 문제가 많이 출제되어 있지만 이렇게 기본적인 문제도 수록되어 있다.

2 도 (계속) 흑 1 에는 백 2, 그리고 흑 3 에는 백 4 로 받아 백은 두집을 확보한다. 흑 1, 3 의 수는 팻감으로 보류해 두는 것이 바람직하다.

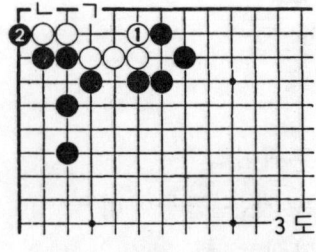

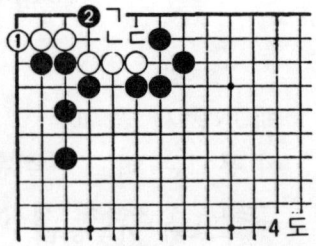

3 도 (실패) 이렇게 두는 사람은 거의 없겠지만 백 1 로 구부려 막으면 흑 2 로 젖혀 백은 그대로 전멸이다. 이하 백 ㄱ은 흑ㄴ으로 받는다.

4 도 (실패) 또 여기서 백 1 은 흑 2 의 탈출을 허용하므로 전멸하게 된다. 백ㄱ에 두어도 흑ㄴ으로 응수하여 결국은 흑 2 로 탈출한다. 이 흑 2 대신 ㄱ이나 ㄷ에 두면 백은 살 수 있다.

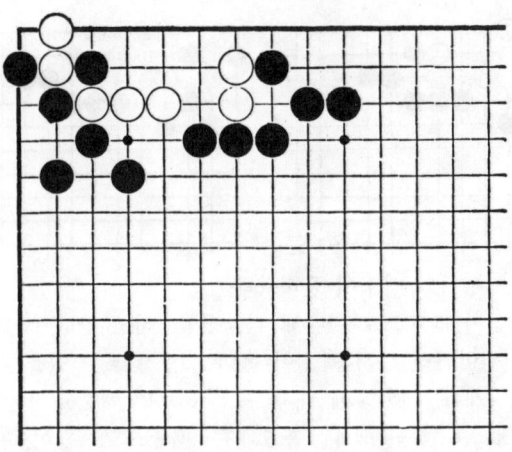

제48문

백이 먼저 둘 때

이 문제도 역시 그다지 어렵지 않다.

백선으로 두 집을 확보하는 것은 초보자라 하더라도 충분히 가능하다.

다만 여기에서 문제가 되는 것은 수순이다.

수순이 잘못되면 엉뚱한 결과가 나오게 되기 때문이다. 따라서 수읽기의 힘을 이용하여 올바른 수순을 찾아보자.

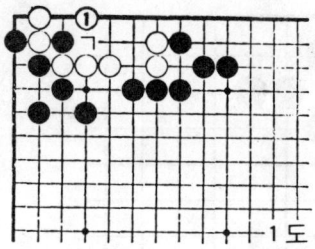

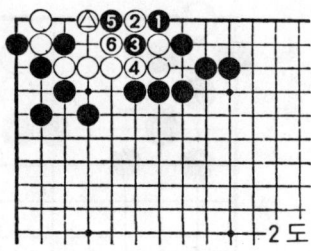

1도 (정석) 백1이 올바르다.

생각없이 백ㄱ으로 단수해서는 전멸당하고 만다.   모양에
밝은 사람이라면 즉시 백1이 옳다고 생각할 수 있을 것이다.

2도 (계속) 백△에 대해 흑1로 두면 백2로 받는다.
흑3으로 단수하면 백4, 흑5에는 백6으로 흑이 잡히기
때문에 흑은 이을 수가 없다. 또 흑3으로 4에 두어도 백은
3의 곳을 이어 만족이다.

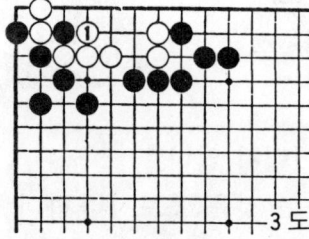

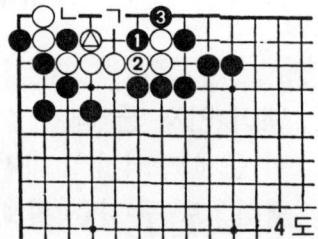

3도 (실패) 백1로 단수하는 것은 대악수여서 전멸당하
게 된다. 이 문제를 출제한 의도는 바로 이 수를 주의하라
는 것이다.

4도 (계속) 백△으로 단수했을 경우 흑1이 강력하다.
백2에 대해 흑3으로 두면 백은 그대로 죽는다. 다음 백ㄱ
이라면 흑ㄴ, 또 백ㄴ이라면 흑ㄱ이 된다.

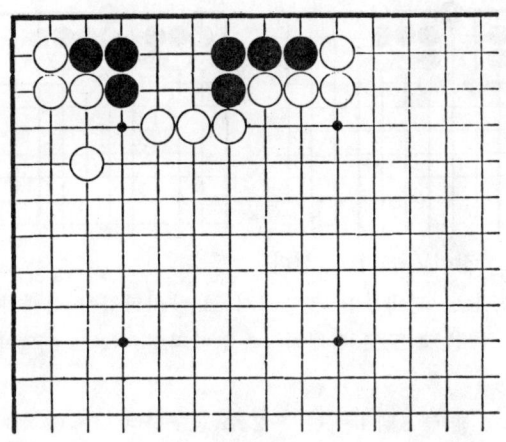

제49문

백이 먼저 둘 때

　이러한 모양은 실전에서도 자주 나타난다. 흔히 제 2 선에 놓인 돌은 '6사 8생(六死八生)', 즉 제 2 선에 돌이 6개가 놓이면 죽고 8개가 놓이면 산다고 한다. 그런데 이 문제에서는 흑이 제 2 선에 7개의 돌을 놓는 셈이 된다. 따라서 흑선이면 살고, 백이 선수로 때리면 삶을 도모하기가 어렵다.

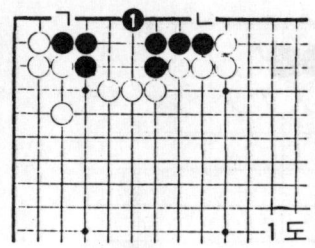

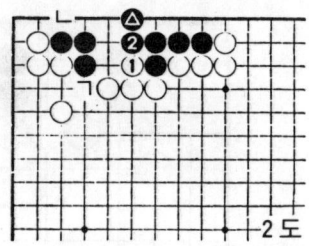

1 도 (정석) 흑 1 로 산다.

이 흑 1 로 ㄱ에두면 3 도에서 보는 바와같이 실패하고, 흑 ㄴ으로 두면 4 도로 실패다. 흑 1 이라면 백은 어떻게 하지 못한다.

2 도 (계속) 백 1 에는 흑 2 로 응수한다.

여기서 ㄱ의 곳이 공배가 비었으므로 흑은 살수 있다. ㄱ 에 백이 위치해 있으면 백ㄴ으로 젖혀 흑은 불만이 된다.

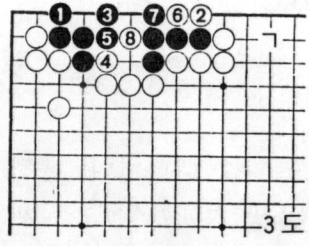

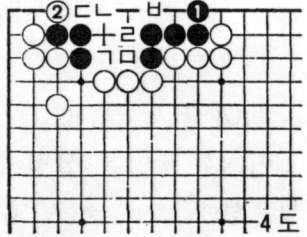

3 도 (보충) 흑 1 로 내려서면 백 2 로 젖혀와 흑 3, 백 4 흑 5 일 때, 백 6, 8 을 당해 죽는다. 그런데 이 그림은 백 ㄱ으로 보충하는 것이 보다 바람직하다.

4 도 (실패) 흑 1 로 내려서는 수도 역시 백 2 로 젖혀오 면 곤란해진다.

이 다음 흑ㄱ이라면 백ㄴ, 흑ㄷ, 백ㄹ, 흑ㅁ, 백ㅂ 으로 진행된다.

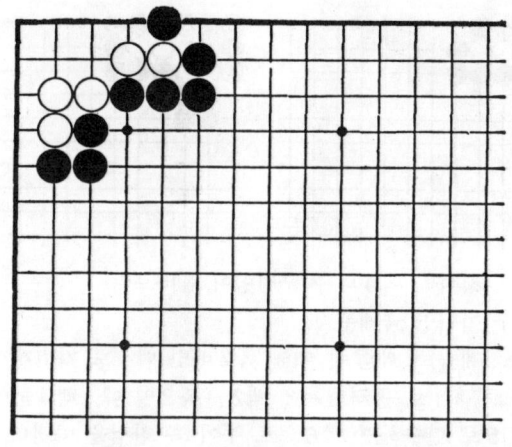

제50문

백이 먼저 둘 때

이 문제는 쉬운 것 같으면서도 사실은 상당히 어려운 문제 중의 하나이다.

백으로서는 어떻게 해서든지 살고 싶은 곳이지만, 흑의 공세가 있는 한 그것이 결코 쉽지 않다. 잘못되면 패가 만들어질 수도 있다. 그러나 백의 입장에서는 패가 되는 것은 그다지 이롭지 않다.

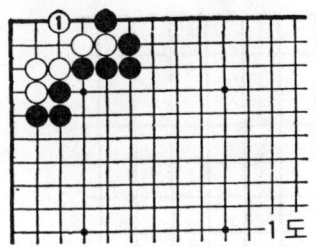 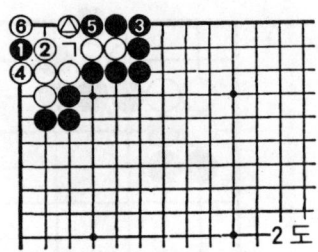

1도 (정석) 백1의 호구벌림이 올바르다.

이 수 아니면 죽게된다.

2도 (계속) 백△에 대해 흑2라면 백1로 가볍게 살 수 있으므로 흑1로 공격했는데 백2, 흑3일 때, 백4하여 산다. 흑5로 단수하면 백6으로 두어 흑 한점을 따낸다.

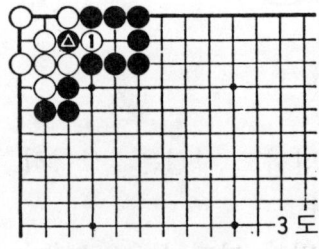 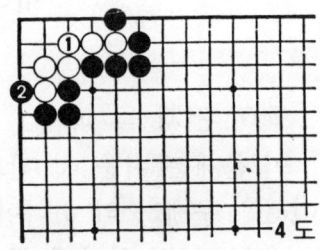

3도 (계속) 흑●으로 백 두점을 따내면 백1이 되따낸다.

이렇게 되면 백은 두 집을 갖추게 되어 비록 두점이 잡히긴 했지만 백은 완전히 산 것이다.

4도 (실패) 백1의 곳에 꽉 이으면 흑2로 젖혀와 하나의 집밖에 확보하지 못하므로 백은 그대로 죽어버린다.

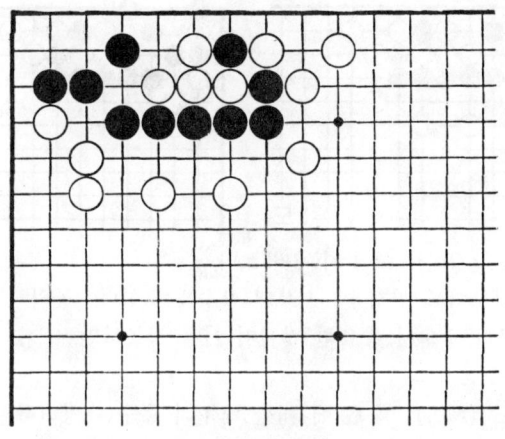

제51문

흑이 먼저 둘 때

이 그림 역시 수준급의 문제이다.

흑은 귀에서 살 수 있도록 하지 않으면 안된다.
백의 침입을 막기 위해서는 반격 작전이 유효하
다.

바둑의 격언에는 '아생살타(我生殺他)' 라는 말
이 있다. 내가 먼저 산 연후에야 남을 잡을 수 있
다는 말이다.

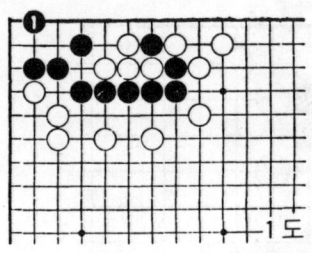 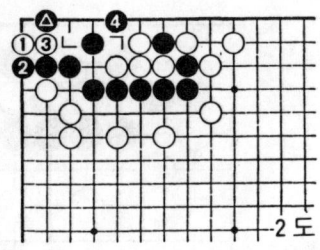

1 도 (정석) 흑 1 이 올바르다.

무엇보다도 먼저 이 1 부터 착수해야 한다. 돌의 사활은
무엇보다 수순이 중요한 것이며 이를 잘못하면 살 수   있는
것도 죽고 만다.

2 도 (계속) 흑 ▲ 에 대한 백 1 의 응수는 당연하다.   흑
2, 백 3 다음 흑 4 가 이 문제의 초점이 되는 맥점이며 결정
적인 수이다. 다음 흑ㄱ에 두어도 백ㄴ으로 두어 흑은 산다.

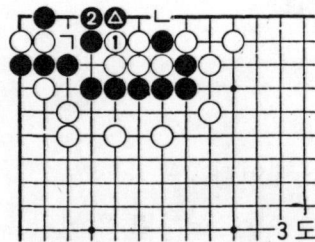 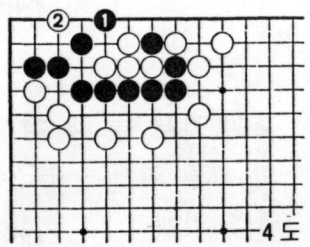

3 도 (계속) 그래서 백은 ▲ 에 대해 백 1 로 저항하면 흑 2
로 두어서 좋다. 이렇게 되어 흑은 다음에 ㄱ에 두어   두집
을 만드는 수와 ㄴ의 곳에 내려 백 다섯점을 잡는 수를 맞보
는 것이다.

4 도 (나쁨) 처음에 흑 1 로 마늘모 붙임수하는 것은   잘
못이다. 그러면 백은 즉시 2 로 급소에 뛰어들어 흑은 어려
움을 겪게 된다.

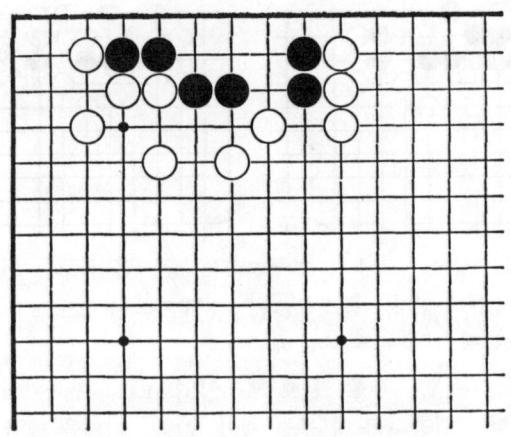

제52문

흑이 먼저 둘 때

흑선으로 삶을 도모할 수 있느냐 하는 것이 이 문제의 주요 안건이다.

언뜻 보면 쉬운 문제라고 생각될지 모르지만 사실은 그렇지도 않다.

여기에서도 수순이 중요하다.

무턱대고 아무렇게나 두게 되면 실패하게 된다. 침착하게 수읽기를 한 후에 착수를 하여야 한다.

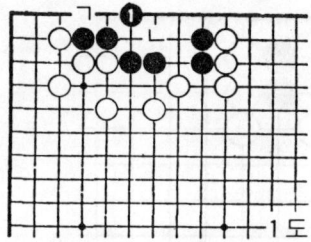 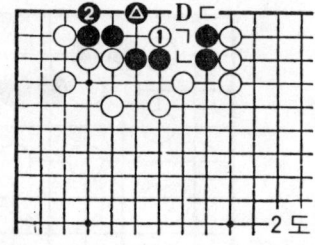

1 도 (정석) 흑 1 로 호구벌리는 것이 올바르다. 이 수 외
에는 방법이 없다. 흑 1 은 다음에 ㄱ과ㄴ을 맞보고 있다. 다
시 말해 백ㄱ 일경우 흑ㄴ에 둔다.

2 도 (계속) 흑⨀일 때 백 1 이면 흑은 왼쪽위에 2 로
두어 집 하나를 확보해 두는 것이 좋다. 이다음 백ㄱ, 흑ㄴ
백ㄷ, 흑ㄹ이며 또 백ㄹ에 둘 경우에는 흑ㄷ에 두어 모두
살게 되는 것이다.

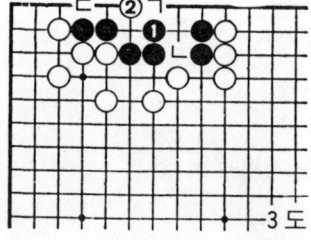 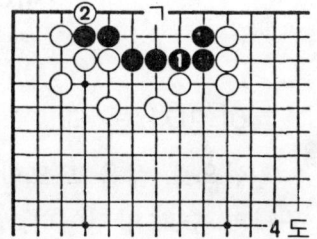

3 도 (실패) 흑 1 이 올바를 것 같지만 백 2 의 급소를 치
중당하면 끝장이다. 흑ㄱ이면 백ㄴ으로 두고 또 흑ㄴ이면
백ㄷ으로 넘어가 버린다.

4 도 (죽음) 이 흑 1 도 아무런 계략이 없는 수여서 백 2
로 젖혀두면 죽는다. 또 흑 1 로 흑ㄱ에 두어도 백 2 로 역시
모두 죽는다.

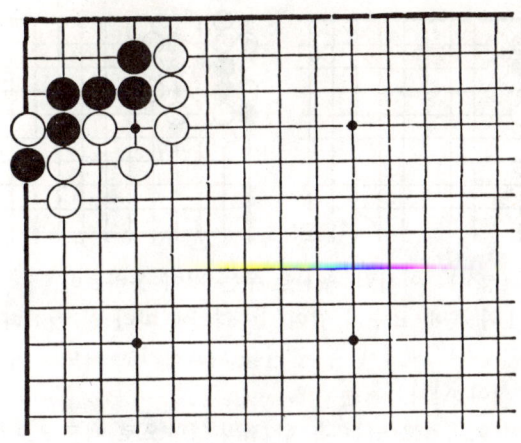

제53문

흑이 먼저 둘 때

과연 흑선으로 귀에서 살 수 있을까?

이 문제 역시 실전에서 자주 쓰이는 문제이다.

무엇보다도 수읽기의 힘을 이용하여 경과도를
머릿속에 그려 보면서 안정된 착수를 해나가는 것
이 중요하다.

쉬운 것 같으면서도 사실은 그렇게 쉽지만은 않
은 문제이다.

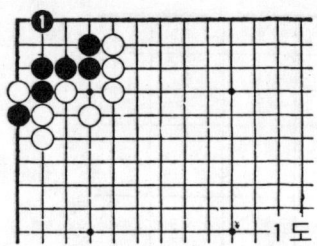 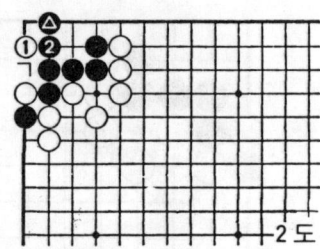

1도 (정석) 이처럼 흑 1 로 두는 것이 올바르다.

'2·1의 곳에 묘수가 있다'는 격언에 따라 둔 것이다.

2도 (계속) 백 1 에 두어 집을 파괴하려고 해도 흑 2 로
이어서 살아 난다.

왼쪽에 먹여치고 있는 흑 한 점의 영향으로 백ㄱ으로 이어
도 백 전체가 잡히고 만다.

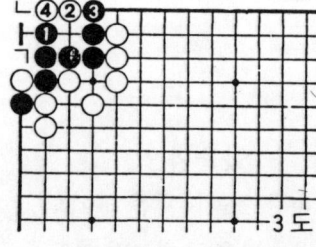 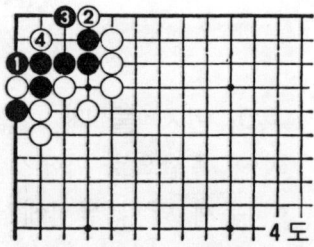

3도 (실패) 성급하게 흑 1 등으로 두는 것은 실패다. 그
러면 백 2 로 뛰어들어 흑 3 일 때 백 4 로 뻗는다. 이렇게
되면 흑ㄱ, 백ㄴ으로 귀의 곡사궁(曲四宮)이 되어 그대로 흑
은 죽는다.

4도 (악수) 그림의 흑 1 은 대악수다.

이 다음 백 2, 흑 3, 백 4 가 되어 그대로 흑 전체가 죽는
다.

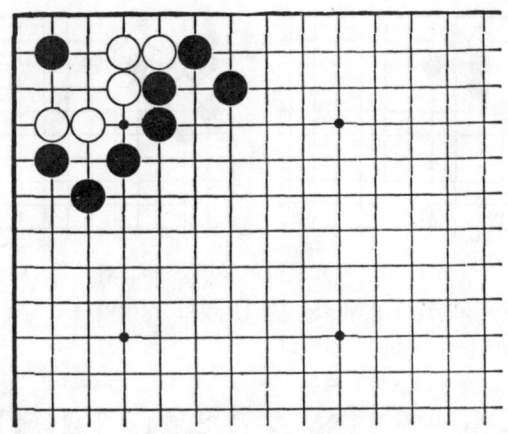

제54문

백이 먼저 둘 때

백선으로 귀에서 삶을 도모하는 것은 상당히 어려운 문제이다. 왜냐하면 백의 심장부에 꽂혀있는 흑돌 한 개가 그 영향력을 행사하기 때문이다.

이러한 문제는 실전의 대국에서도 자주 나타난다. 아직 초보의 단계를 넘어서지 못한 사람들 중에는 수읽기를 하지 않은 채 아무렇게나 두어 실패하는 예가 많다.

바둑에 있어서 소홀히 하는 자세는 금물이다.

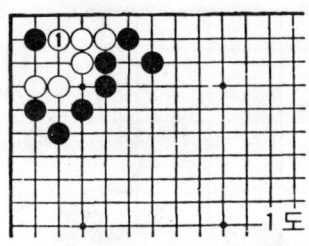 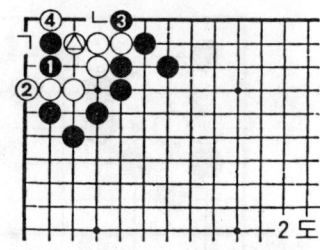

1 도 (정석) 이렇게 '뒷박형'의 중앙에 뛰어든 모양에서
는 구부리고 있는 쪽에서 치받는 것이 정답이다.

즉 백 1 이 올바른 것이다.

2 도 (계속) 백⊙에는 당연히 흑 1 로 응수한다. 그러면
백 2 로 내려서고 흑 3 으로 젖혀두면 백 4 하여 다음에 ㄱ과
ㄴ을 맞보므로 백은 완전한 삶이다.

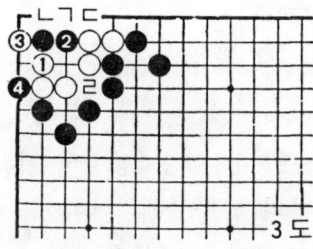 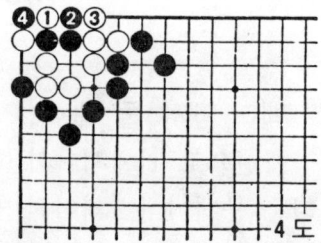

3 도 (방향착오) 아래쪽에서 백 1 로 구부려서 붙여두면
흑 2 , 백 3 일 때 흑 4 에 젖혀와 이 다음 제대로 되지 않는
다. 백ㄱ은 흑ㄴ, 백ㄷ, 흑ㄹ로 죽는다.

4 도 (패) 3 도에 계속해서 백 1 은 흑 2 다음 백 3 , 흑
4 로 패싸움이 된다. 무조건 살 수 있는 것을 패로 만들어서
는 실패다.

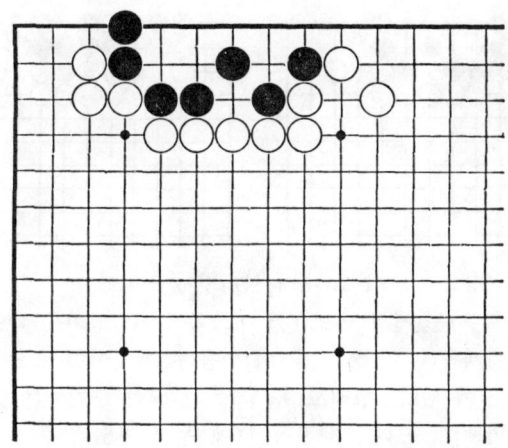

제55문

흑이 먼저 둘 때

이 문제는 그다지 쉬운 문제는 아니지만, 그렇다고 너무 어렵게 생각할 필요도 없는 문제이다.

첫 착수를 신중히 두도록 하자.

보다 효과적으로 사는 방법을 모색해 보자. 이 문제 역시 수읽기의 힘을 필요로 한다. 경과도와 결과도를 머릿속에 그려 본 후에 첫 착수를 진행해 나가도록 하자.

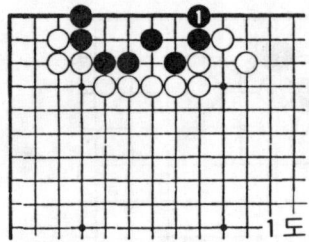 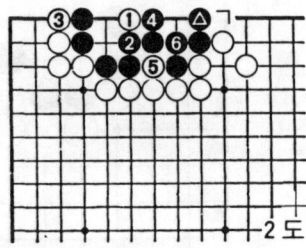

1 도 (정석) 흑 1 로 내려서는 것이 정석이다.

3 도로 사는 것과 비교해서 어느쪽이 이익인가를 확인한다.

2 도 (계속) 흑●라면 이 다음은 백 1 이하 흑 6 으로 흑은 다섯집이 된다. 그리고 흑ㄱ으로 나오는 수가 남아있어 3 도와의 차이가 크다. 백 5 로 ㄱ에 두면 흑 5 로 두어 흑은 여섯 집이 된다.

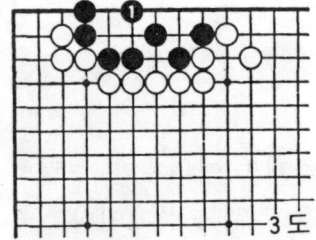 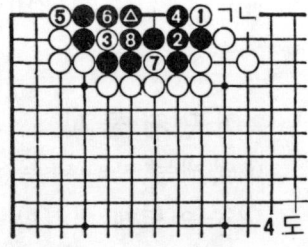

3 도 (변화) 흑 1 로 두어도 살아난다. 원본에서는 이것을 정석으로 다루고 있다. 하지만 이것은 1 도에 비해 손해라는 것을 4 도에서 알 수가 있다.

4 도 (계속) 흑●라면 백 1 이하 흑 8 이 되므로 흑ㄱ, 백ㄴ을 흑의 권리로 보아 흑은 석집강(强)이다. 2 도에 비해 손해라는 것을 알 수 있다.

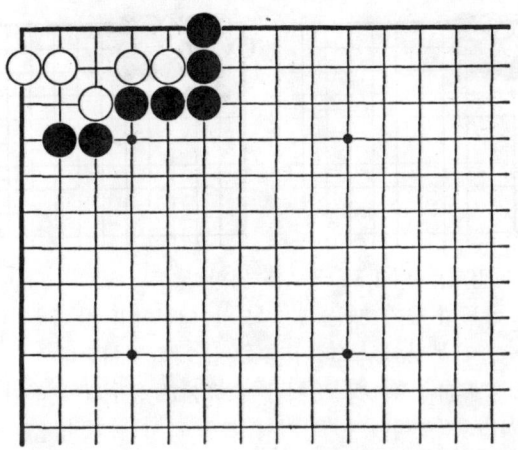

제56문

백이 먼저 둘 때

이 문제 역시 그렇게 쉽지만은 않다.
귀에 갇힌 백의 궁도가 너무나 좁다. 또한 흑의
외세가 너무 튼튼하다.

하지만 낙망할 정도는 아니다. 백은 수를 찾아
야 한다. 반드시 수를 찾지 않으면 그대로 함락당
하고 만다. 수는 반드시 있다. 백은 수읽기를 한
후에 차분한 일착을 시도해야 할 것이다.

자, 어떻게 두어야 할까?

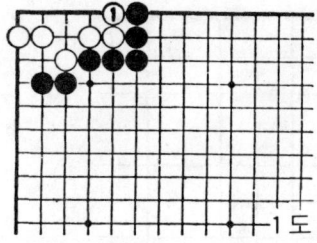
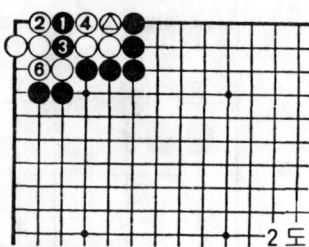

1 도 (정석) 백 1 로 궁도를 넓힌다.

우선 궁도가 좁기 때문에, 궁도를 넓혀야만 살 수 있다. 그 외에는 살지 못한다. 그러나 흑은 급소에 뛰어든다.

2 도 (계속) 흑 1 로 뛰어들면 백 2 로 응수해야 하며 흑 3, 백 4 도 필연적이다. 여기서 흑은 다시 백의 집을 파괴하기 위해서 3 의 곳에 흑 5 로 먹여친다. 백 6 에는 흑 7 로 때린다.

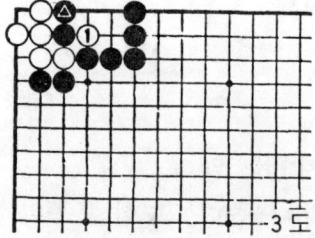
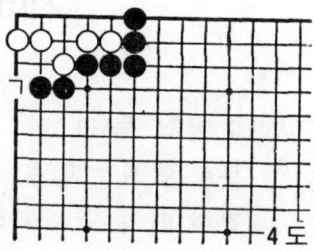

3 도 (후절수) 2 도에서 흑▲으로 백 넉점을 잡았는데 그 잡은 자리를 백 1 로 끊어서 흑 두점을 때리고 백은 되살아 난다. 이 그림은 '후절수'를 설명할 때 반드시 인용되어지고 있는 것이다.

4 도 (출입계산) 백이 먼저 두면 백은 넉집이고, 흑이 먼저 두면 흑18집(ㄱ 까지포함). 따라서 22집이라는 출입계산이 나온다. 현상태는 흑이 7집이다.

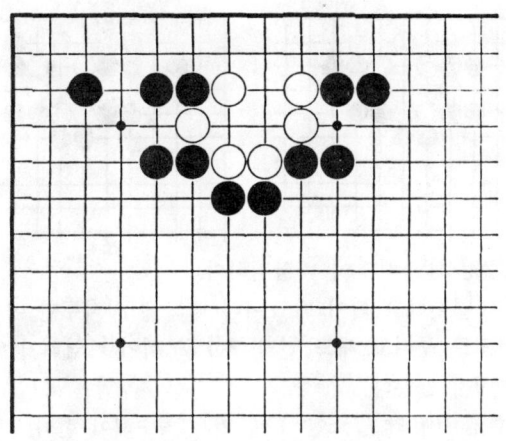

제57문

백이 먼저 둘 때

백의 궁도가 너무 좁다. 그러나 수는 있다.

이 문제는 결코 쉬운 문제가 아니다.

백은 아무래도 급소를 찾아서 묘수를 발휘해야
한다.

과연 급소는 어디인가? 나의 급소는 곧 상대방
의 급소라는 사실을 명심하자. 급소를 보는 눈을
갖기 위해서는 수읽기를 체질화해야 한다. 바둑에
있어서는 무엇보다도 습관이 중요하기 때문이다.

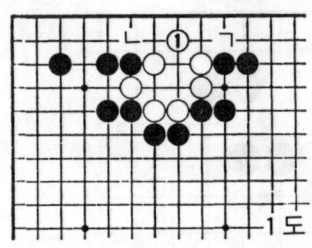 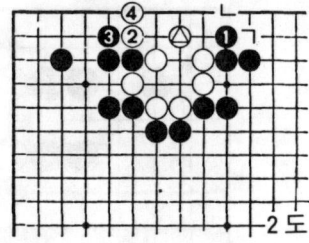

1 도 (정석) 백 1 이 바람직하다.

궁도를 넓힌다고 해서 백ㄱ이나 백ㄴ에 젖혀두면 이를 흑이 막아 백 1 로 두려고 해도 먼저 흑 1 로 뛰어들 염려가 있어 마음이 놓이지 않는다.

그러므로 사활의 급소인 1 에 먼저 착수해야 한다.

2 도 (계속) 흑 1 이면 백 2 이하 백 4 가 된다. 그러나 흑 2 라면 백 1, 흑ㄱ, 백ㄴ이 된다.

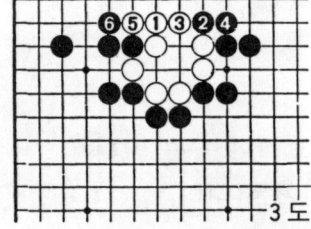 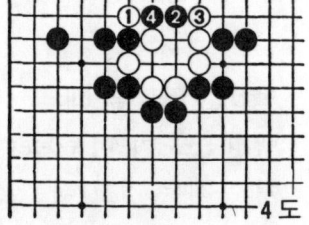

3 도 (죽음) 백 1 에 내려서면 그대로 죽는다.

흑 2 로 젖혀 백 3 이하 흑 6 까지 되므로 위쪽에서 잡을 확보할 수 없다.

4 도 (실패) 백 1 로 젖혀두면 흑 2 의 급소를 당해 백 3, 흑 4 가 되어 곤란하다. 또 백 3 으로 4 에 두면 흑 3 이 있으므로 이것도 백의 실패로 끝난다.

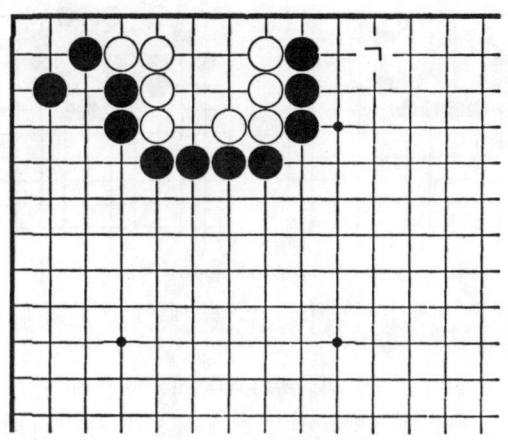

제58문

백이 먼저 둘 때

백선으로 과연 두 집을 확보하여 삶을 도모할 수 있을까?

백은 흑의 치중수를 주의하여야 한다.

흑의 ㄱ에 약점을 가지고 있다. 이것을 염두에 둔 착수도 괜찮을 것이다.

집을 요령있게 지을 수 있다는 것은 그 기량(氣量)과 비례한다.

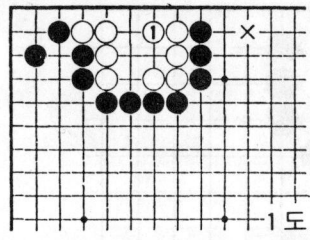
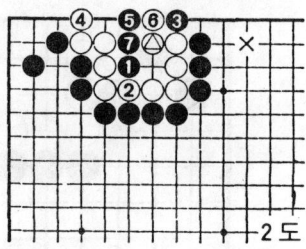

1 도 (정석) 백 1 로 구부리는 것이 올바르다.

이 백은 살기가 의외에도 어려운데 이 백 1 외에는 매우 어렵다.

2 도 (계속) 집을 파괴하기 위해서는 이렇게 1 로 두어야 한다. 백 2 는 필연적이다. 그때 흑 3 이라면 백 4 가 준비된 응수이다. 이하 흑 7 까지면 이것은 빅으로 산다.

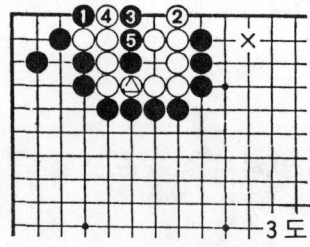
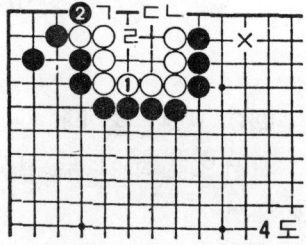

3 도 (변화)   2 도 흑 3 에서의 변화다.

백⚪일 때 흑 1 로 왼쪽윗귀에 흑 1 로 젖혀두면 백 2 로응수하여서 이것 억시 흑 5 까지 되면 빅으로 사는 것이다.

4 도 (전멸) 백 1 이 올바른 착수일 것 같지만 그렇지가 않다. 흑 2 로 젖혀오면 백은 죽게 된다. 이 다음 백ㄱ은 흑ㄴ, 백ㄷ, 흑ㄹ 까지로 백은 죽는다. 또 백ㄹ이라면 흑ㄱ으로 응수하여 끝장이다.

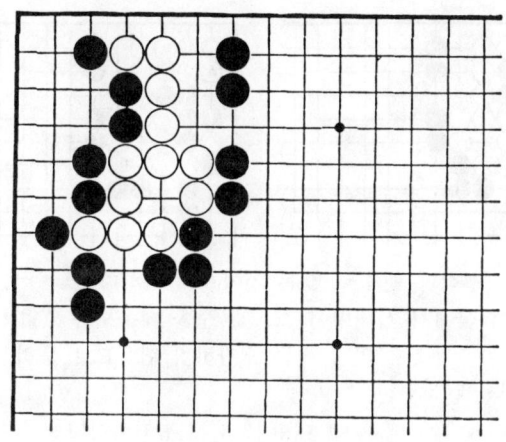

제59문

백이 먼저 둘 때

현재 백은 한 집을 확보하고 있다. 여기에 백선으로 한 집을 더 만들어 삶을 도모할 수 있느냐 하는 것이 이 문제의 주요 포인트이다.

흑으로 완전히 포위당해 있는 백으로서는 강력한 외세를 구축하고 있는 흑을 이용하여 수를 써야 할 것이다.

이러한 상황이 실전에서 벌어지면 대부분 포기하거나 또는 아무렇게나 둔 나머지 실패하곤 한다.

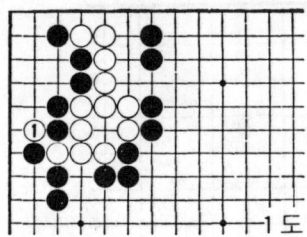

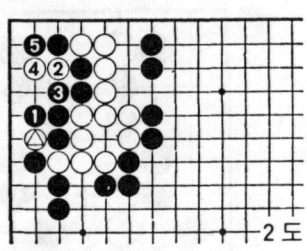

1 도 (정석) 백 1 로 끊는 것이 바람직하다.

이렇게 끊어서 상대방이 스스로 눈을 메우도록 유인하는 것인데 이 '자충수'의 문제는 오판하기 쉬우므로 특히 유의해서 계산해야 한다.

2 도 (계속) 백△에 대한 흑 1 은 필연적이다.

그러면 백 2 로 다시 끊는다. 흑 3 은 절대적인 것이며 백 4 에 대한 흑 5 도 필연적이다.

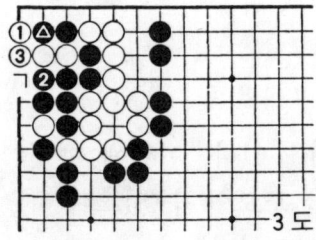

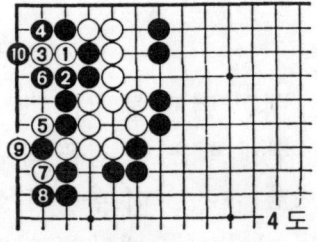

3 도 (계속) 흑△일 때 백 1 로 젖혀두는 것은 처음부터 읽어두었던 수이다. 흑 2 백 3 이면 흑은 스스로 눈을 메우게 되기 때문에 흑ㄱ으로 단수할 수가 없어 백은 흑 두점을 따내고 산다.

4 도 (실패) 수순을 바꾸어서 먼저 백 1 로 끊으면, 백 5 일 때 흑 6 으로 뻗으므로 백 9 로 흑 한점을 때려도 집이 만들어지지 않으므로 백은 살지 못한다.

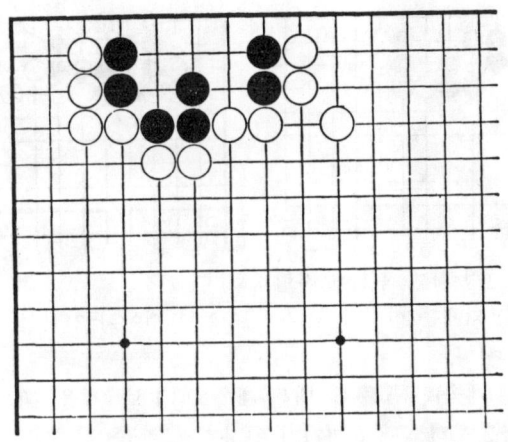

제60문

흑이 먼저 둘 때

흑선으로 과연 두 집을 확보하여 삶을 도모할 수
가 있을까?

오른쪽 아래에 터진 곳이 흑의 약점이 되고 있다.

그러나 그보다 더 급한 곳은 없을까?

수읽기가 필요한 곳이다.

너무 자신만만한 나머지 욕심을 부리면 오히려
손해를 보게 된다.

차분한 한 수 한 수가 오히려 안정을 가져온다.

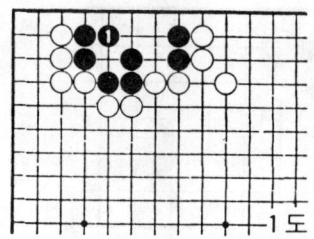 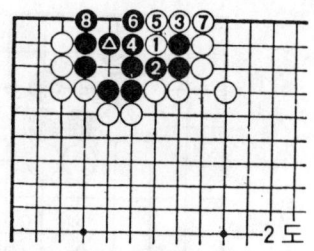

1 도 (정석) 흑 1 이 바람직하다.

이 수 외에는 살길이 없다. 흑 1 로 뻗어서 간신히 두 집을 갖추어 산다.

2 도 (계속) 흑⬤에 대해 계속 백 1 로 집을 파괴하려고 하면 흑 2 부터 흑 8 까지가 된다.

백 1 로 6 의 곳에 뛰어들면 흑 1 로 응수하여 그만이다.

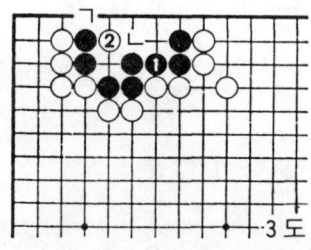 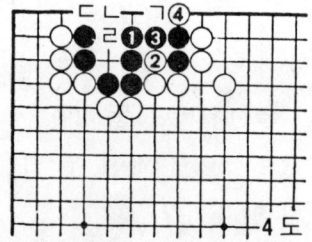

3 도 (죽음) 흑 1 로 이으면 궁도가 넓어져 가볍게 살 것 같지만 백 2 의 붙임수가 있어 흑은 죽고 만다.

이 다음 흑ㄱ일 경우 백ㄴ, 또 흑ㄴ이면 백ㄱ이 된다.

4 도 (실패) 흑 1 로 두어도 백 2 가 있어 흑 3 으로 막았을 때 백 4 로 젖혀두면 살지 못한다.

다음 흑ㄱ부터 백ㄹ 까지이다.

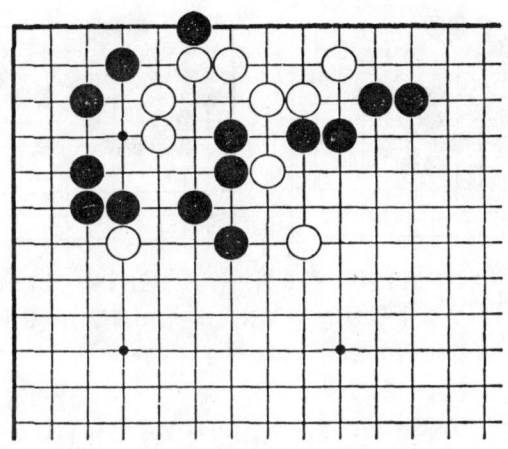

제61문

백이 먼저 둘 때

백선으로 흑의 장벽을 뚫고 나갈 수 있느냐 하는 것이 이 문제의 주요 안건이다.

언뜻 보면 백선이기 때문에 쉽게 이어서 밖으로 빠져 나갈 수 있을 것으로 생각되지만 사실은 흑의 외세가 그렇게 어수룩하지만은 않다.

그러나 수는 있다. 급소를 찾아 적정한 수순을 밟는다면 충분히 문제를 해결할 수 있을 것이다.

그렇다면 과연 첫 착점은 어디에다 두어야 할까?

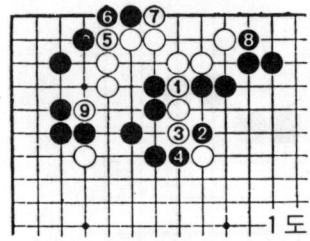

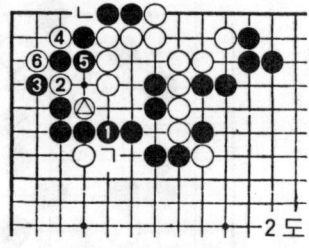

1 도 (정석) 백1이하 혹6 까지는 필연적이다. 백 7 에 대한
혹 8 은 서두르지 않아도 되지만 쉽게 이해할 수 있게 하기
위해서 이렇게 착수했다. 다음 백 9 가 정석이다.

2 도 (계속) 백△에 혹 1 또는 ㄱ으로 응수하면 백 2
에 혹 3 . 그때 백 4 로 붙여두는 것이 묘수여서 백ㄴ을 선수
로 잡고 산다. 혹 5 에 두어도 백 6 하여 아무래도 백ㄴ이 선
수가 된다.

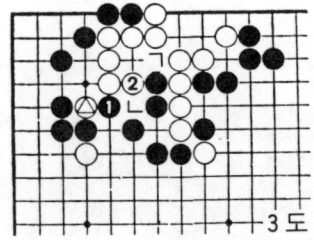

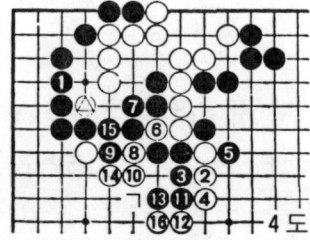

3 도 (변화) 백△에 대해 혹 1 로 응수하면 백 2 하여 다
음 ㄱ에 두어 집 하나를 만들려는 것인데 혹은 이를 방지할
수 없다. 이것은 다음에 백ㄴ의 치받는 수가 있기 때문이다.

4 도 (변화) 이 변화가 가장 어렵다. 백△에 대해 혹 1
로 잇는다. 백 2 부터 거의 필연적인 수순이다. 혹15로 이으면
백16으로 받고 이 다음 혹ㄱ이면 백은 14의 석줄 아래에 장
문을 걸어 잡는다.

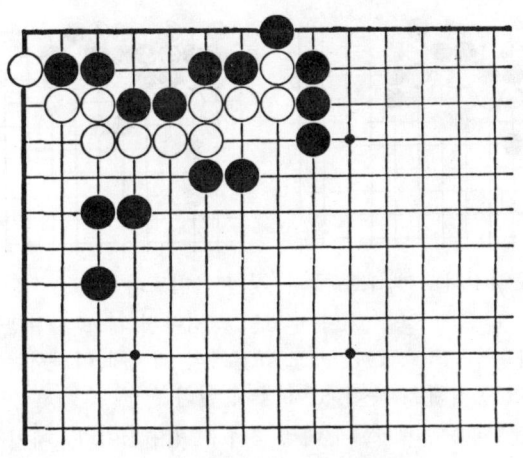

제62문

백이 먼저 둘 때

백선으로 막강한 흑의 세력을 물리치고 삶을 도모할 수 있을까?

초보의 단계에 있는 사람들은 이러한 국면에 접하게 되면 으례 포기해 버리는 경우가 많은데, 이는 수읽기의 힘이 부족한 탓이다.

백은 좌변에서 두 집을 확보하려고 발버둥치지 말고, 귀의 흑과 접근전을 펼쳐야 한다.

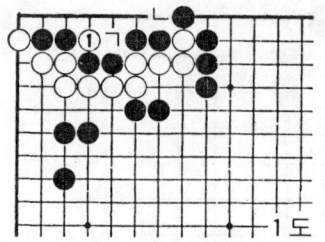 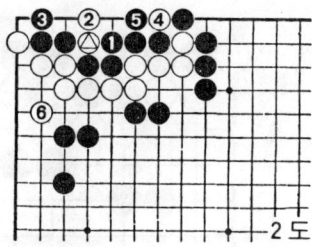

1 도 (정석) 백 1 로 끊는 것이 올바르다.

ㄱ으로 끊는 것은 전혀 수단이 성립하지 않는 자살행위다.

먼저 백 ㄴ으로 끊는 것도 오른쪽의 배치에 따라서는 혹 1
로 잇고 공격해올 수가 있어 좋지 않다.

2 도 (계속) 백 ⓐ에 대해 혹 1 은 필연적이다. 여기서 백
2 에 내려서고 혹 3 으로 집을 파괴하려들면 백 4 로 먹여쳐
수를 늘린 다음 백 6 으로 집 하나를 확보한다.

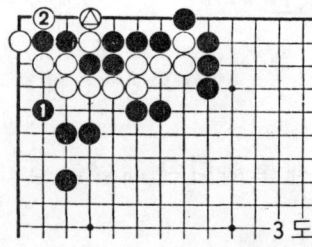 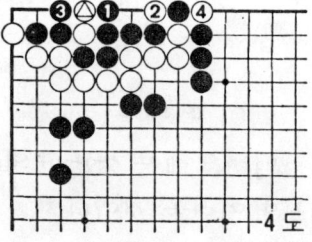

3 도 (변화) 2 도의 혹 3 으로 그림의 1 에 두면 백 2 로 두
집을 확보해서 산다. 실전에서는 이런 정도로 매듭질 것이다.

4 도 (큰 손해) 백 ⓐ으로 내렸을 때 혹 1 로 욕심부리면
백 2 의 먹여침으로 혹은 그 돌을 잡을 수 없게 되는데, 만약
에 혹 3, 백 4 로 따내면 결국 혹은 전체가 잡히게 되어 큰
손해를 보게 된다.

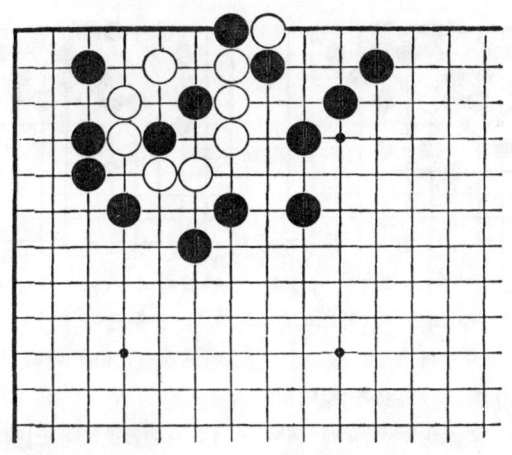

제63문

백이 먼저 둘 때

이 문제는 상당한 실력자가 아니면 해답을 찾기가 어려울 것이다.

프로 기사들의 실전에서도 곧잘 나타나는 모양이다.

현재 백의 세력권 안에 들어있는 흑 두 점과 윗변의 상호 단수된 두 점의 돌이 문제이다. 백은 이것을 이용하여 엉뚱한 곳에서 집을 확보하지 않으면 안된다.

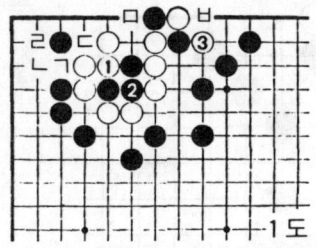

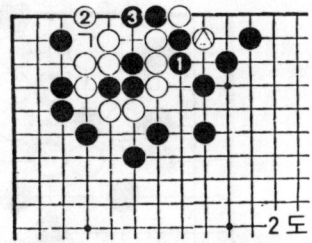

1 도 (정석) 백 1, 흑 2 는 필연적이다. 다음 백 3 이 올
바른 수순이다. 왼쪽위에는 백ㄱ이하 흑ㄹ이 듣고 있으므
로 백ㅁ을 선수로 둘 수 있다. 그러므로 백 3 에 대해서 흑ㅂ
으로 잡을 수는 없는 것이다.

2 도 (계속) 백⊘에 대해 흑 1 로 응수했는데 이때 백 2
가 훌륭한 수다. 백ㄱ이 듣고 있으므로 흑은 3 으로   뻗을
수 밖에 없다.

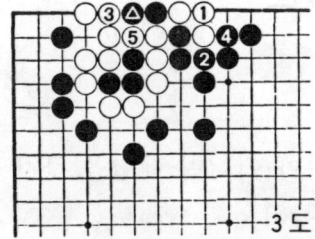

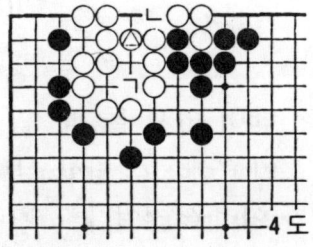

3 도 (계속) 흑⬢에는 백 1 로 잇는다. 흑 2, 백 3, 흑 4
로 서로 공배를 메우면 백이 먼저 흑을 따내게 되는데 그러
면 백은 5 로 위아래의 흑을 잡을 수 있다.

4 도 (맛보기) 백⊘ (3 도의 백 5)로 위아래의 흑을   한
꺼번에 잡았기 때문에 백은 ㄱ과 ㄴ을 맛보아 충분히 두집을
확보할 수 있다.

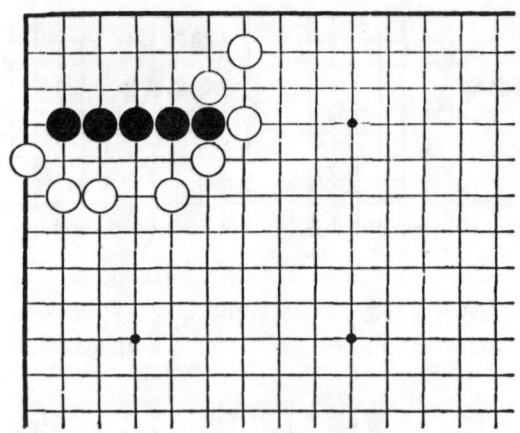

제64문

흑이 먼저 둘 때

흑의 모양은 그다지 좋지 않다.

막대 모양으로 늘어선 모양이 아무짝에도 쓸모 없을 것 같은 느낌을 준다.

사실 흑의 모양과 같이 한 줄로 늘어선 모양은 좋지 않다.

이 문제에서는 흑선으로 귀에서 삶을 도모할 수 있느냐 하는 것이 주요 포인트이다.

백의 급소를 찾아서 두지 않으면 안된다.

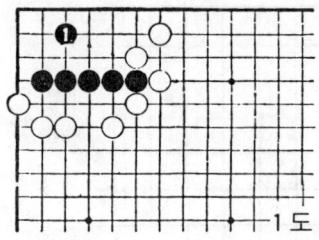
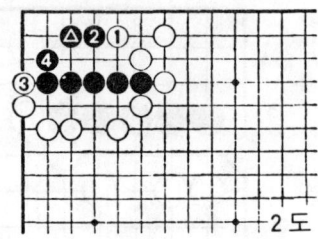

1도 (정석) 흑1로 나가는 것이 올바르다.

아마 상당한 실력을 가진 사람이라도 정답을 찾아 내는데 시간이 걸렸을 것이다. 이것은 양쪽이 무방비 상태이기 때문이다.

2도 (계속) 흑⬥에 백1로 두면 흑2로 응수한다. 백3에는 흑4로 구부려 응하면 된다. 결과를 알고 보면 의외에 간단한 문제라는 것을 알게 될 것이다.

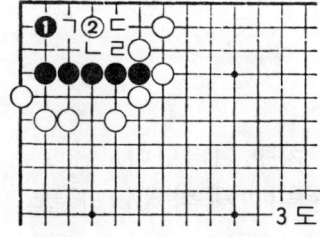
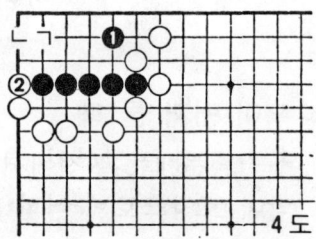

3도 (실패) 그림의 흑1로 급소인 것 같지만 실은 그렇지가 않다. 그러면 백2로 뛰어들어 이 다음 흑ㄱ에 두어도 백ㄴ이 있어서 두 집을 확보하지 못해 죽는다. 흑ㄷ에 붙여도 백ㄹ, 흑ㄴ, 백ㄱ으로 실패한다.

4도 (실패) 흑1로 오른쪽을 수비하면 백2로 늘어서 역시 좋지 않다. 흑ㄱ, 백ㄴ이면 궁도가 너무 좁다.

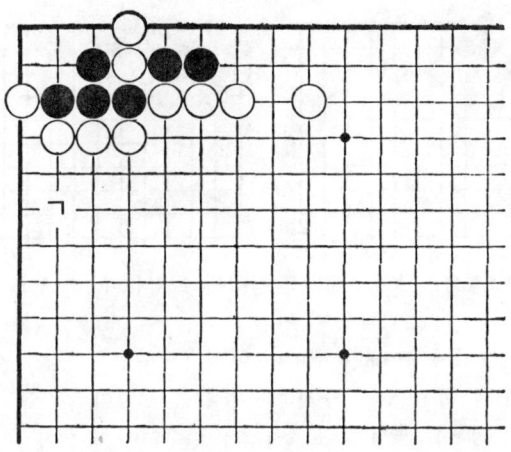

제65문

흑이 먼저 둘 때

이러한 문제는 실전에서도 자주 나타난다.

수읽기의 힘이 부족한 사람들의 경우, 이러한 문제가 생기면 대부분 포기하거나 무턱대고 아무렇게나 두어버린 나머지 실패하고 만다.

그러나 바둑에서는 끈기와 인내가 무엇보다도 중요하다. 삶을 포기하지 않는 투지야말로 역전의 환희를 가져다 주는 원천이 된다.

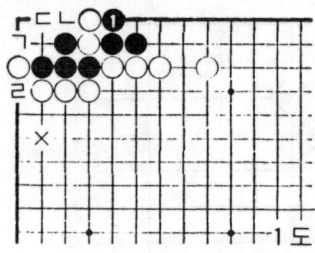
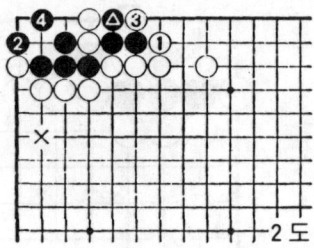

1 도 (정석) 보통 흑을 찾아내기는 힘들다. 흑1로 ㄱ에
두면 백ㄴ, 흑ㄷ, 백ㄹ이 된다.

흔히 ㄱ이나 ㄹ에만 생각이 미치고 흑1은 생각하지 못
할 것이다. 하지만 이 수가 무척 활력이 있다.

2 도 (계속) 백1로 흑 석점을 단수하면 흑2가 절묘한
수이다. 백3으로 석점을 따내도록 강요한 다음 흑4로 살
아버린다.

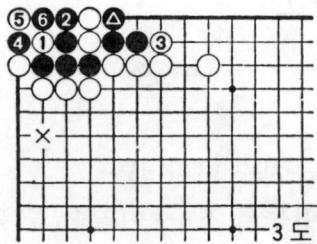
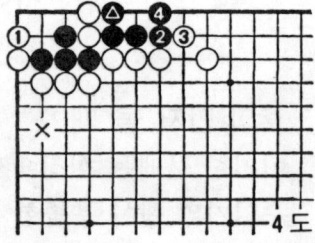

3 도 (실패) 흑▲에 백1로 단수하면 흑2로 두점을 따
내고 백3으로 오른쪽의 집을 파괴해 버리면 흑4로 먹여치
고 백5로 흑한점을 따내면 흑6으로 뻗어 산다. 백은 4의
곳을 이을 수 없다.

4 도 (변화) 그렇다고 흑▲일 때 백1에 두면 흑2, 4
로 집을 확보해서 산다.

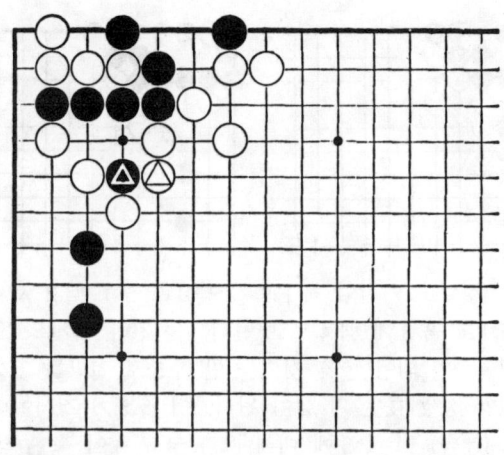

제66문

흑이 먼저 둘 때

 귀의 백을 제압하고 흑이 귀에서 삶을 도모할 수 있느냐 하는 것이 이 문제의 주요 포인트이다.

 흑의 철저한 수읽기로 먼저 수계산을 하지 않으면 안된다.

 무턱대고 착수를 하는 것은 금물이다. 백의 헛점을 찾아서 급소만을 찌르지 않으면 안된다.

 귀에 갇힌 백도, 백에게 포위된 흑도 서로가 공격을 받는 입장이다.

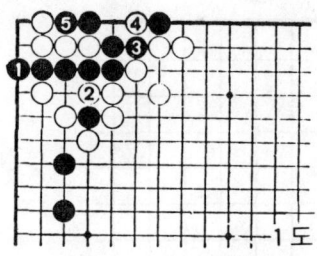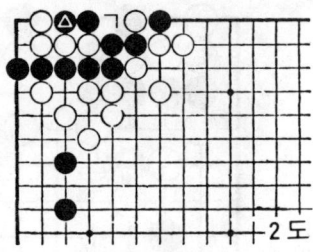

1 도 (정석) 이처럼 흑 1 로 늘어섰을 경우 백 2 로 흑 한 점을 따내고 흑 3 에 백 4 로 당연히 먹여친다. 이것으로 다섯 집 뛰어듦수가 되어 죽을 것 같지만 흑 5 로 치받는 강력한 수가 있어 장생(長生)의 삶이 된다. 이 흑 5 가 정석이다.

2 도 (계속) 이 흑 5 에 대해 백은 ㄱ에 두어 흑 두점을 따낸다.

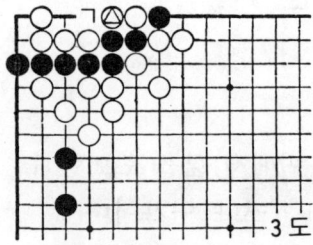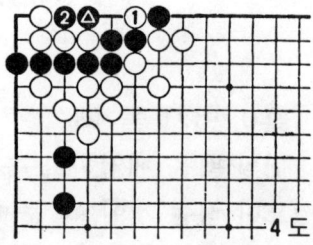

3 도 (계속) 흑 두점을 따낸 것이 백 △ 이다. 그러면 이번에는 흑에서 ㄱ에 두어 백 두점을 되따낼 수 있다. 이렇게 되따낸 것이 4 도이다.

4 도 (계속) 이것은 흑 ● 로 백 두점을 되따낸 것인데 1 에서 3 까지의 진행과 똑 같다. 계속해서 백 1 로 먹여치고 흑 2 로 치받는 진행이 거듭되어 끝이 없으므로 삶 아니면 무승부가 된다.

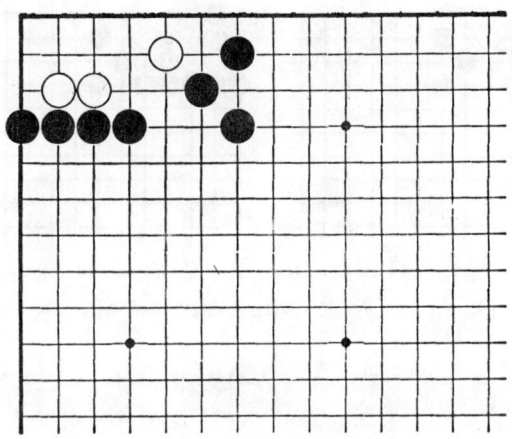

제67문

백이 먼저 둘 때

백선으로 귀에서 살 수 있을까?

백의 궁도도 너무나 좁다. 그러나 수가 전혀 없는 것은 아니다.

자칫하다간 패가 만들어진다. 백으로서는 패가 만들어지면 여간 불만이 아니다.

백은 어떻게 해서든지 패를 만들어서는 안된다. 무조건 살 수 있는 수순을 찾아야 된다.

수는 분명히 있다. 수를 찾아 보자.

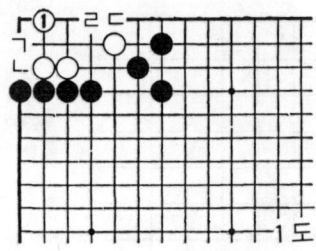

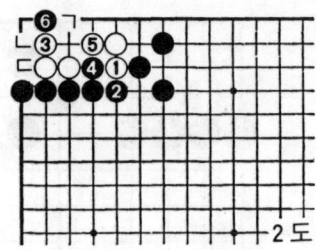

1도 (정석)   이 상태에서는 백1로 두는 것이 올바르다.

이 다음 흑ㄱ에 두어도 백ㄴ, 흑ㄷ에 두어도 백ㄹ로 그만이다.

2도 (패싸움)   백1, 3에 두어도 살것 같지만 그것은 흑4, 백5일 때 흑6으로 붙여두는 수가 있어서 백ㄱ, 흑ㄴ이므로 패가 되어버린다. 또 백ㄷ에 두어도 흑ㄱ이 된다.

다만 백3에 두면 뒷맛이 나쁜 것이 불만이다.

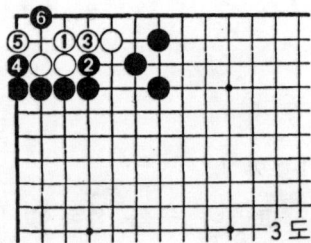

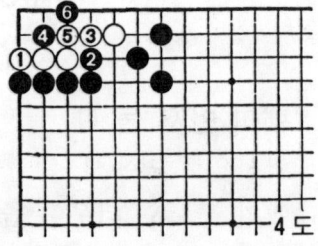

3도 (실패)   그림의 백1일 경우 흑2부터 백3, 흑4가 되어 하나의 집뿐이 확보하지 못해 전멸이다. 이 모양은 6의 곳이 흑, 백 양쪽 모두에게 급소가 되고 있다는 것을 알 수 있다.

4도 (실패)   백1일경우 흑2로 늘고 백은 3으로 잇는다. 그러면 흑4에 붙여두어 백은 궁색해진다. 이렇게 되면 백은 지금까지 무엇을 어떻게 두었는지 모르는 상황이 된다.

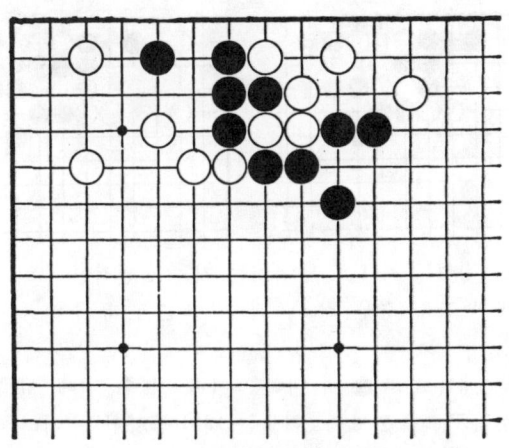

제68문

흑이 먼저 둘 때

이 그림은 윗변쪽에 갇힌 흑 다섯 점을 어떻게 하면 살릴 수 있을까 하는 것을 주안점으로 한 문제이다.

흑은 어떻게 해서든지 흑 다섯 점을 살려낼 수 있는 방법을 강구해야 한다.

여기에서는 철저한 수읽기가 필요하다.

백의 약점을 찾아, 그것을 충분히 이용할 수 있도록 하는 것도 하나의 방책이 될 수 있을 것이다.

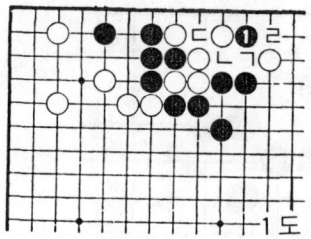
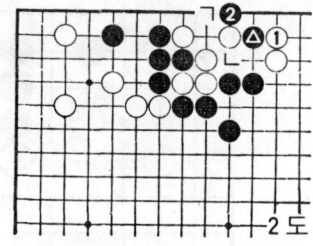

1 도 (정석) 흑 1 로 넘어가는 것은 필연적인 수다. 이것
에 대해 백ㄱ일 경우 흑ㄴ, 백ㄷ, 흑ㄹ로 두어 백 여섯점을
잡는다.

2 도 (계속) 흑 △ 에 대해 백 1 로 늘수 밖에 없다. 이
경우 잠자코 흑 2 로 젖혀두는 것이 훌륭한 수이다. 이렇
게 되면 왼쪽의 흑다섯점을 가볍게 구출할 수 있다. 백ㄱ은
흑ㄴ의 강력한 수가 있으므로 이을 수가 없다.

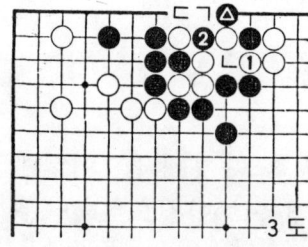
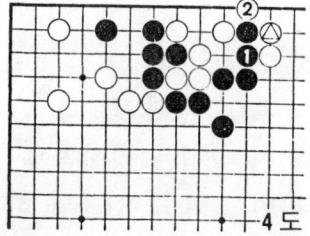

3 도 (계속) 흑 △ 에 대해 백 1 로 끊을 수 밖에 없는데
그러면 흑 2 로 끼워 두는것이 좋다. 계속해서 백ㄱ으로 잡으면
흑ㄴ이 있어 백은 2 로 이을수가 없으므로 좋지 않다. 그래
서 백 1 대신 ㄴ으로 잇는 정도이다. 그러면 흑ㄷ으로 한점
때려서 살아난다.

4 도 (실패) 흑이 건너붙여 백 △ 로 응수했을 경우 흑 1
로 이으면 백 2 로 넘어가 흑다섯점은 끝장이다.

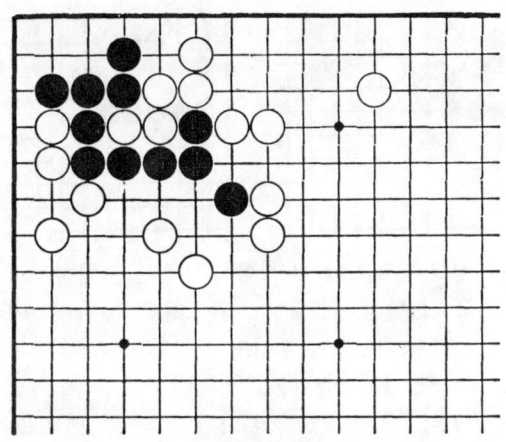

제69문

흑이 먼저 둘 때

백의 포위망을 제압하고 흑은 귀에서 두 집을 확보하여 삶을 도모할 수 있을까?

흑은 귀와 중앙의 흑세를 총동원하여 백의 약점을 찔러야 한다.

이 문제를 모두 풀어나갈 수 있는 사람이라면 가히 실력이 프로급이라 해도 손색이 없을 것이다.

실전에서 자주 응용되는 문제이므로 잘 살펴 두도록 하자.

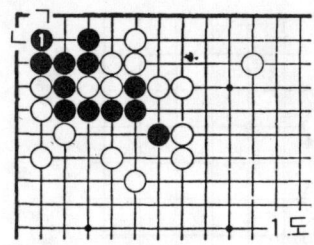

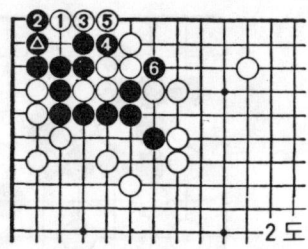

1 도 (정석)　흑 1 이 이 상황에 적합한 수이다.

귀의　2·1의 곳이 몇 번 급소였던 까닭에 여기서도 ㄱ에 제일 먼저 착수해야 된다고 생각할 수도 있는데 그러면 흑ㄱ은 백ㄴ을 당해 실패다.

2 도 (계속)　흑의 집을 파괴하기 위해서는 백 1은 절대적이다. 그러면 흑 2, 이하 백 5까지는 외곬수이다. 여기서 흑 6으로 한번 끊어두는 것이 정석의 제 2 탄이 된다.

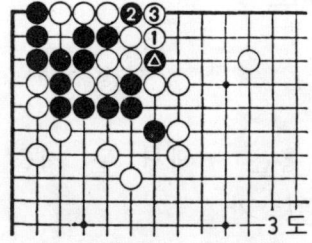

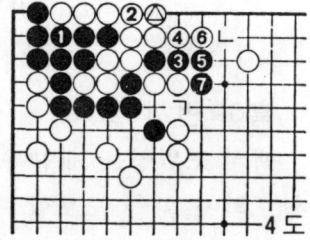

3 도 (계속)　흑 ▲에 대해서 백 1로 응수하는 것이 올바르다. 그러면 흑 2로 먹여치기 해서 백 3 으로 때리도록 강요한 다음 ─.

4 도 (맛보기)　백 △로 한점을 때리면 흑 1로 단수한다. 백 2로 이으면 흑 3으로 뻗어나가 백 4이하　6까지가　외곬수이다. 그때 흑 7로 구부려 붙여서 혹은 ㄱ과 ㄴ을 맛보게 되므로 살 수 있다.

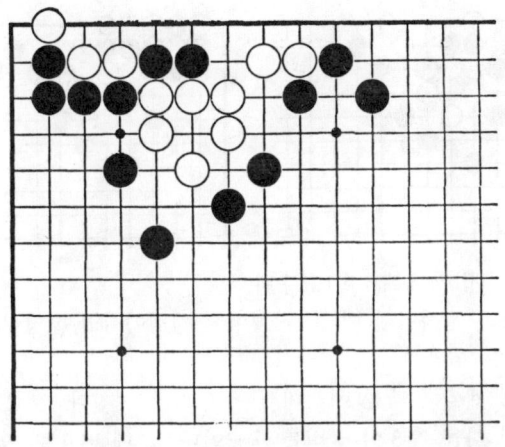

제70문

백이 먼저 둘 때

과연 백선으로 삶을 도모하는 일이 가능할까?

이 문제 역시 실전에서 자주 응용되는 확률이 높으므로 철저하게 이해해 두도록 하기 바란다.

이 그림은 결코 쉬운 문제가 아니다. 상당한 수준급의 문제이다. 그러나 수를 찾을 수만 있다면 결코 어렵지 않게 문제를 해결할 수 있을 것이다.

여기에서야말로 묘수를 찾아야 한다. 물론 수순도 중요하다.

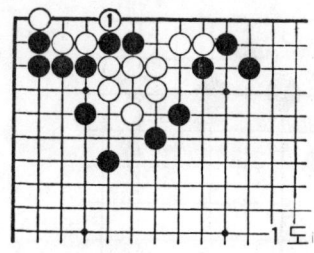 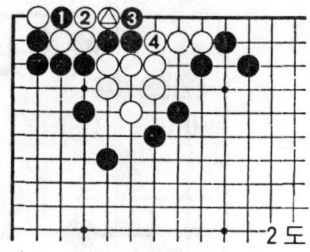

1 도 (정석) 백 1 이 묘수다.

이 수가 정석인데 이 수를 찾아낸 사람이라면 상당한 실력이나 할 수 있겠다.

2 도 (계속) 백⊛에 대해 흑 1 로 먹여친다. 백 2 로 때리게 한 다음 흑 3 이 올바른 수순이다. 그때 백 4 로 단수하고 흑이 백 넉점을 잡은 것이 다음 그림이다.

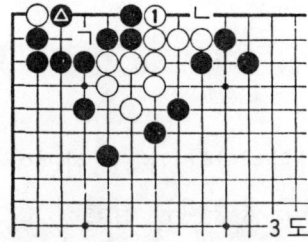 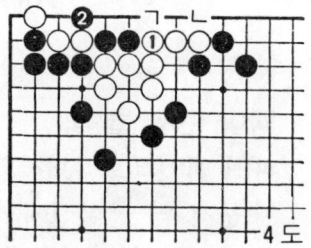

3 도 (계속) 흑● 하여 백 넉점을 때리면 백 1 로 받는다.

흑이 백ㄱ으로 끊는 수를 방지해서 이으면 백ㄴ으로 살게된다. 또, 흑ㄴ일 때는 백ㄱ으로 받는다.

4 도 (실패) 평범하게 백 1 에 두면 흑 2 로 단수해 백ㄱ에 두어도 흑ㄴ이 있으므로 집을 확보하지 못해 이 백은 모두 죽게 된다.

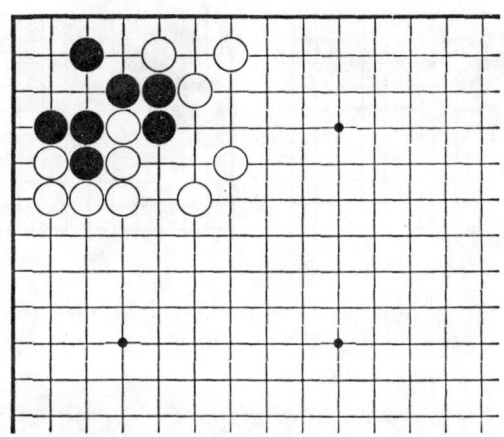

제71문

흑이 먼저 둘 때

이 문제 역시 귀에서의 사활에 관한 묘를 살려야 한다.

자칫 소홀하게 생각하면 엉뚱한 쪽으로 흘러가 기 쉽다.

수읽기의 힘을 이용하여 처음부터 끝까지 수순 을 예측해 보자.

실전에서 이러한 문제가 생기게 되면 으레 수순 을 잘못 밟아서 실패하는 경우가 더러 있다.

148

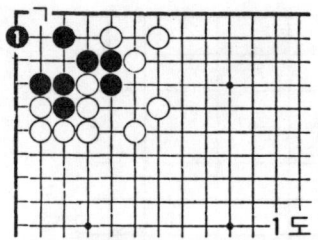
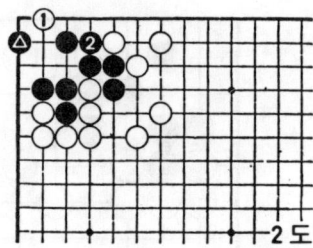

1 도 (정석) 흑 1 이 올바르다.

여기서도 마찬가지로 귀의 '2·1의 곳'이 급소이다. 단, 같은 2·1의 곳이라도 흑ㄱ에 두면 백 1 로 뛰어들어 흑은 죽음을 맞는다.

2 도 (계속) 백 1 로 집을 파괴하려고 덤빌경우 흑 2 가 ●에 계속되는 좋은 착수여서 흑은 두집이 확보된다. 흑●에 올바르게 착수해도 다음 흑 2 를 알지 못하면 죽는다.

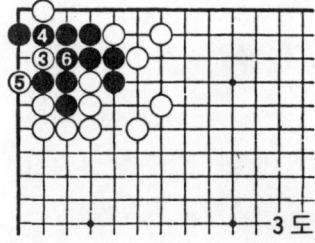
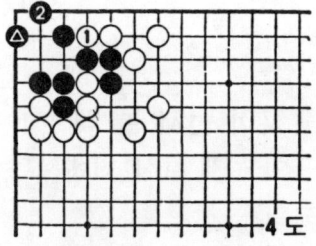

3 도 (계속) 2 도에 계속해서 백 3 으로 끊으면 흑 4 로 이어 그만이다. 백 5 에 두어도 흑 6 으로 이으면 백은 잇지 못한다.

4 도 (변화) 2 도의 흑 2 가 집을 확보하는 급소라고 해서 백 1 로 두면 흑 2 하여 가볍게 살아버린다. 흑은 1 과 2 를 맞보고 있으므로 흑●의 곳에 착수하면 완전한 삶이다.

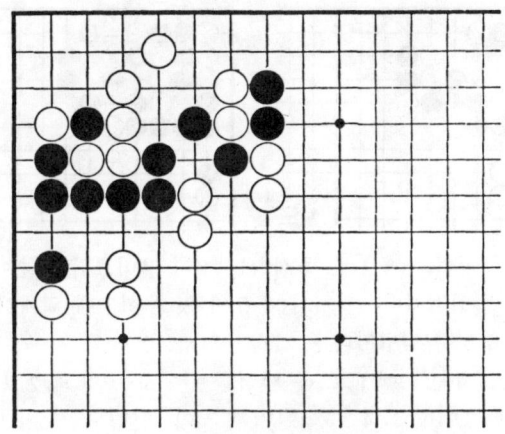

제72문

흑이 먼저 둘 때

흑은 백에 의해 외부 세계와 단절되어 있다.

그러나 백의 단점도 많기 때문에 흑은 이것을 이용하여 수를 찾으면 될 것이다.

끊음수의 묘를 발휘해 보는 것도 하나의 방편이 될 것이다.

만약 수순이 잘못되면 엉뚱한 결과를 가져오므로 흑은 신중을 기하여 착수하지 않으면 안될 것이다.

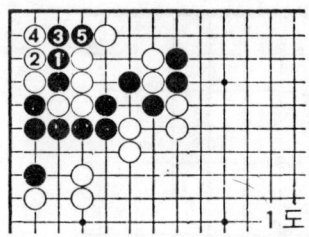

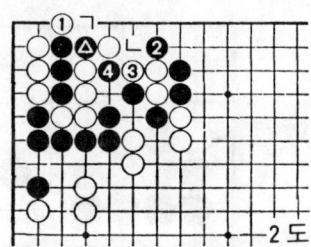

1 도 (정석) 흑 1 로 움직이는 것이 올바르다. 백 2 이하 4
까지는 필연적이다. 여기서 흑 5 의 멋진 한수에 의해서 사는
데 이 흑 5 가 정답이다.

2 도 (계속) 백 1 로 흑 넉점을 단수로 몰면 흑 2 로 단수
하고, 백 3 이면 흑 4 로 먹여치는 것이 '양단수'가 되므로 백
ㄱ이면 흑ㄴ으로 석점을 잡고 살아난다.

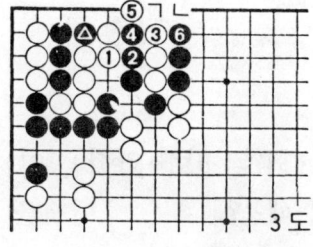

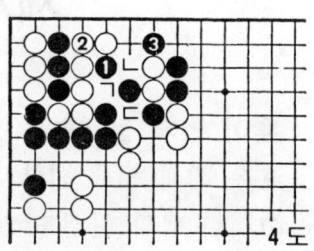

3 도 (변화) 흑❹는 백 1 로 이으면 흑 2, 백 3, 흑 4 로
진행되는데 백 5 로 두어도 흑 6 이 있어 백은 이을 수가 없다.
백ㄱ으로 이으면 흑ㄴ으로 두어 백은 한수가 모자라다.

4 도 (실패) 1 도 흑 5 의 묘수를 모르고 이 흑 1 로 두어
3 까지 진행하면 백ㄱ이 있어서 흑ㄴ, 백ㄷ으로 끊기기 때
문에 왼쪽의 흑은 살지 못한다.

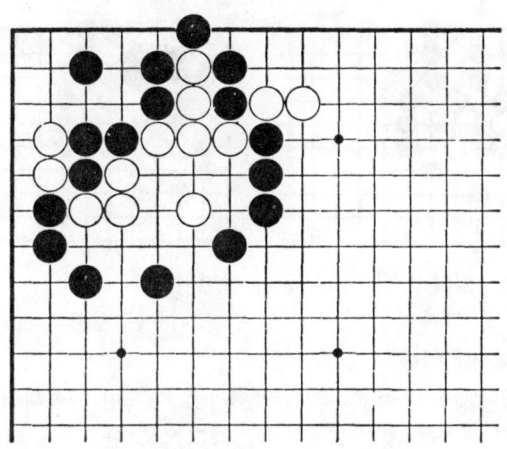

제73문

백이 먼저 둘 때

백은 흑에 의해서 완벽하게 차단당해 있다. 여기에서 과연 백이 살아 나갈 수 있느냐 하는 것이 이 문제의 주요 포인트이다.

부족한 수순을 부족하지 않게 컨트롤하는 것도 중요한 일이다.

중앙의 백과 떨어진 왼쪽 변의 백 두 점을 잘 이용해 보는 것도 바람직한 일이다.

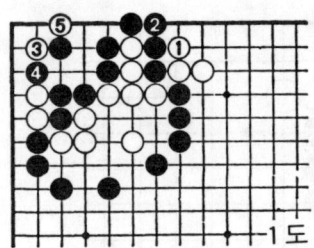

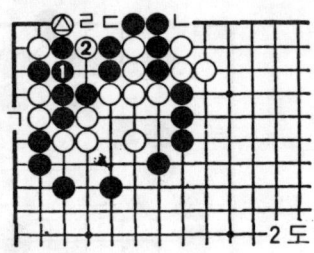

1 도 (정석) 백 1, 흑 2 는 필연적이다.

흑 4 로 끼워 수비하면 백 5 로 젖혀두는 것이   묘수여서 백은 살 수 있다.

2 도 (계속) 백⊙에 대해 흑 1 로 이으면 계속해서 백 2 로 젖혀 끼우는 것이 묘수이다. 흑ㄱ으로 단수하면 백ㄴ으로 단수하고 흑ㄷ으로 이으면 백ㄹ이 있어 흑은 자충이 되므로 이을 수가 없다.

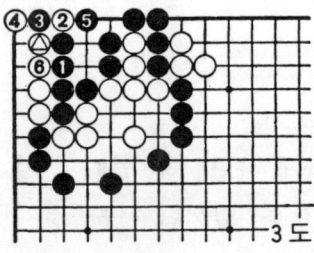

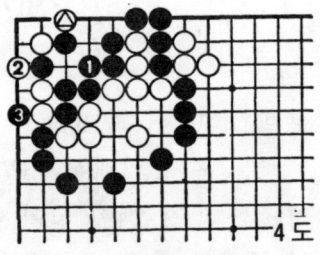

3 도 (패) 백⊙에 대해 흑 1 로 이으면 백 2 로 젖혀두는 것이 역시 좋은 수여서 흑 3, 백 4, 흑 5일 때 백 6 으로 패싸움이 되는데 이 패는 흑이 이기기 어려울 것 같다.

4 도 (변화) 2 도의 흑 1 로 이렇게 1 의 곳에 이으면 백 2, 흑 3 으로 역시 패가 되는데 이것도 흑이 이길 가망이 별로 없다. 이것은 백⊙의 젖힘수가 묘수였기 때문이다.

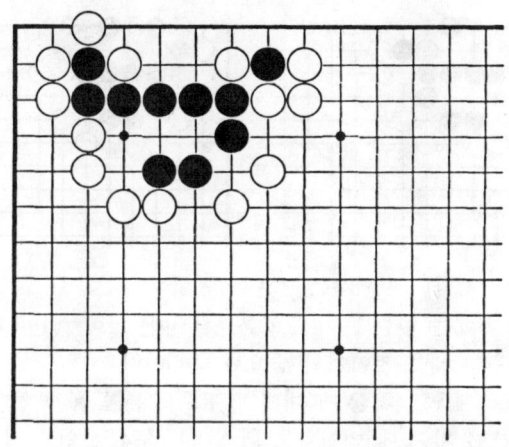

제74문

흑이 먼저 둘 때

매우 재미있는 그림이다. 흑은 지금 한 집을 확보하고 있으므로 변에서 또 한 집을 더 확보하면 된다. 그러나 그 한 집을 더 확보한다는 것이 그렇게 쉬운 일이 아니다.

백이 이미 흑의 집 확보에 필요한 윗변의 여백을 침탈하고 있다.

흑은 백의 침입을 효과적으로 제어해야 한다.

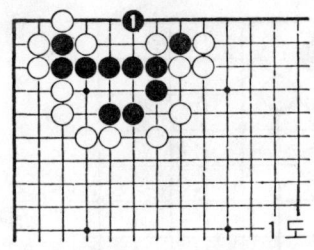

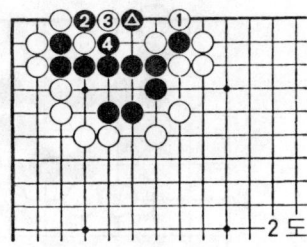

1도 (정석) 여기서는 흑 1 이 정답이다.

흑 1 외에는 없는데 이 모양은 실전에 많이 나타나고 응용 범위가 넓은 것이어서 중요한 「맥」이다.

2도 (계속) 흑▲에 대해 백 1 로 오른쪽 흑 한점을 잡으면 흑은 2 의 곳에 먹여치고 백 3 대신 흑 4 로 왼쪽 백을 잡아서 산다.

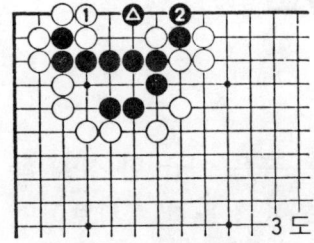

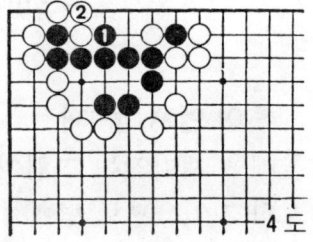

3도 (변화) 흑▲에 대해서 백 1 로 응수하여 왼쪽을 해결하면 흑 2 로 내려서서 오른쪽의 백 한점을 잡고 집 하나를 확보해 버린다.

이렇게 하면 흑은 왼쪽과 오른쪽을 맞보아 산다.

4도 (실패) 이러한 맥을 알지 못하고 흑 1 로 단수해 백 2 로 잇게 해서는 흑은 스스로 죽음을 초래하는 결과 밖에 안된다.

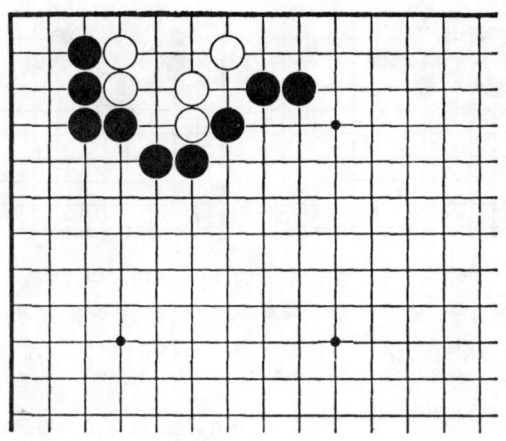

제75문

백이 먼저 둘 때

이 문제는 그다지 어려운 문제가 아니다. 몇 수
쯤 수읽기를 할 수 있는 사람이라면 금방 수를 찾
아낼 수 있을 것이다.

쉬운 문제이면서도 실전에서 자주 응용되는 문
제이므로 잘 기억해 두기 바란다.

백은 먼저 집 짓기에 필요한 수순이 어떻게 되
는 가를 생각해 보아야 한다. 멀리 갈 것도 없이
현재 백의 궁도 안에서 문제를 풀 수 있다.

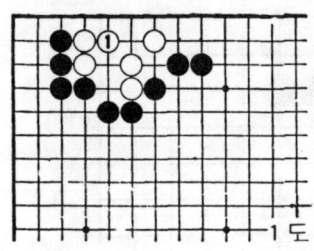 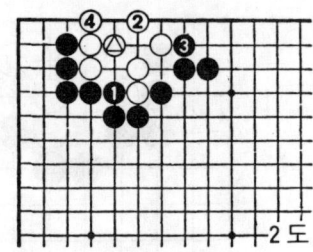

1 도 (정석) 이 경우에는 백 1 이 올바르다.

이 백 1 이 모양의 급소여서 흑이 백을 공격할 경우에도 1 의 곳을 선점(先占)하여 집을 파괴하는 작전을 펴게 되는 것이다.

2 도 (계속) 흑 1 로 집을 파괴해도 백 2 로 집을 확보하고 흑 3 일 때 백 4 로 두 집이 완성된다. 물론 흑 1 로 2 에 두면 백 1 로 잇는다.

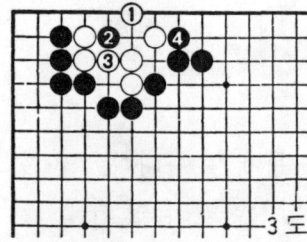 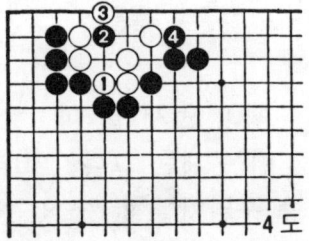

3 도 (실패) 여기서 백 1 일 경우 흑 2 로 응수한다. 백 3 의 곳을 수비해야만 하기 때문에 흑 4 를 당해 백은 모두 죽게 된다.

4 도 (실패) 백 1 로 궁도를 넓혀도 흑 2 를 당하면 죽는다. 백 3, 흑 4 하면 백은 하나의 집뿐이 확보하지 못한다.

바로 이 2 의 급소가 흑, 백의 필쟁점(必爭點)인 것이다.

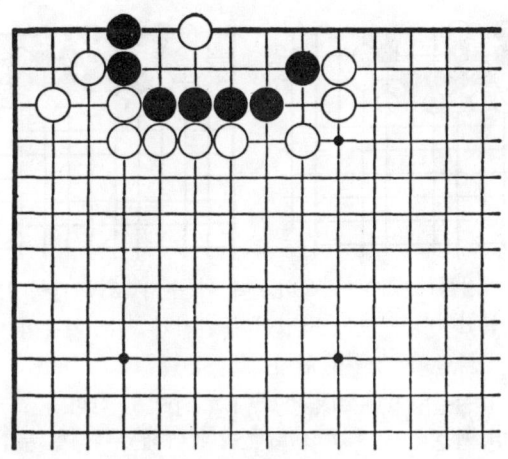

제76문

흑이 먼저 둘 때

흑선으로 두 집을 확보할 수가 있을까?

흑의 품안으로 뛰어들어온 백 한 점이 골칫덩어리이다. 이 백 한 점을 염두에 두고 수를 찾지 않으면 안된다.

똑같은 삶을 택할지라도 효과적인 삶을 택하는 것이 바둑에서는 필요하다.

왜냐하면 똑같은 삶이라도 상대방에게 영향력을 미칠 수 있는 수순이 있기 때문이다.

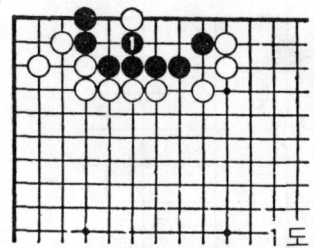
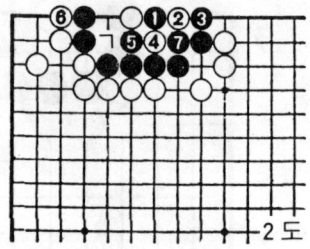

1 도 (정석) 흑 1 이 올바르며 이 수가 보다 이익이 큰
수다. 실전에서는 사는 방법이 두가지가 되는 경우가 많은데
이익이 큰쪽을 선택해야 한다.

2 도 (다른 방법) 그림의 흑 1 로 두어도 산다.

그러면 백 2 이하 흑 7 이 되므로 백 ㄱ에 두어 흑 두점을
잡아도 흑은 1 의 곳을 두어 백 2 , 4 의 두점을 되때려서 살
지만 후수가 되어 버린다.

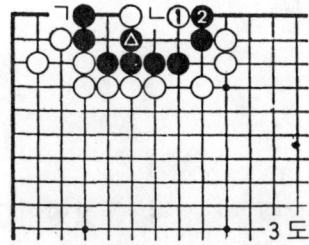
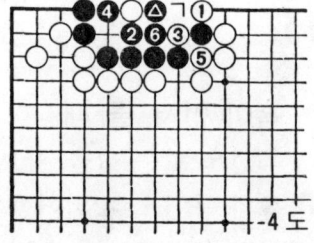

3 도 (같은 결과) 흑 ● (1 도의흑 1)에 백 1 이면 흑 2 로
응수하여 이 다음 백 ㄱ일 경우 흑 ㄴ이 되므로 2 도와 마찬
가지가 된다.

4 도 (비교) 2 도의 흑 1 (흑 ●)해도 살긴하지만 이처럼
백 1 로 젖혀와 이하 흑 6 까지의 손해가 남는다. ● 가 2 의
곳에 있을 경우 백 1 , 흑 ㄱ이 되어 흑은 다섯집이 된다.

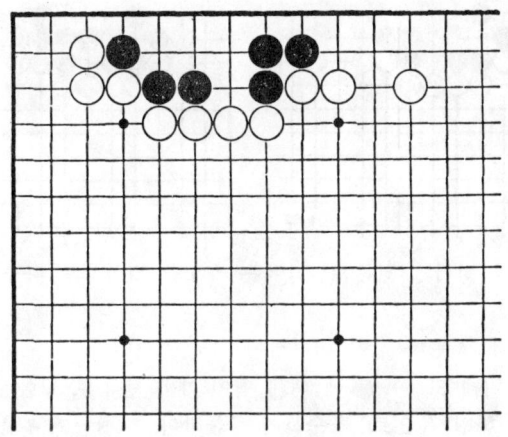

제77문

혹이 먼저 둘 때

이 문제는 그다지 어렵지 않다. 혹이 살 수 있는 방법은 한두 가지가 된다. 앞의 제76문과 같이 이 문제에서도 보다 효과적인 삶을 택하도록 해야 한다. 효과적인 삶이란 언제나 수순에 그 묘가 있는 것이다. 따라서 수읽기를 충분히 한 연후에 착수를 하도록 해야 한다.

여기에서는 첫 착수가 중요하다.

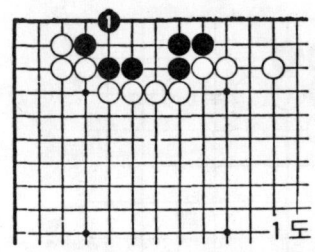

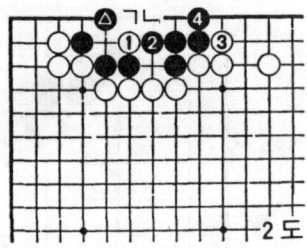

1 도 (정석) 원본(原本)에는 흑 1 을 정석으로 다루고 있다.

그런데 **4** 도와 같이 내려서는 것도 정석이다.

2 도 (계속) 흑●에 대해 백이 계속 백 1 로 집을 파괴하려고 하면 흑 2 로 응수하여 충분하다. 백 3, 흑 4 를 교환한 다음 백ㄱ일 경우 흑ㄴ으로 두집이 만들어진다.

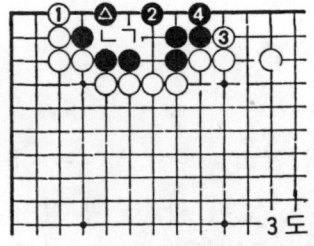

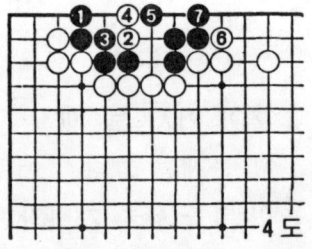

3 도 (변화) 흑●에 대해 백 1 로 내려서면 흑은 **2** 의 곳에 마늘모로 붙여두는 수가 있어 백 3 에는 흑 4 로 안심이다. 백ㄱ일 경우에는 흑ㄴ으로 받는다.

4 도 (정석) 흑 1 에 내려서면 백 2 로 붙여와서 죽게 될 것 같지만, 백 4 에 내려서면 흑 5 가 묘수여서 죽지 않는다.

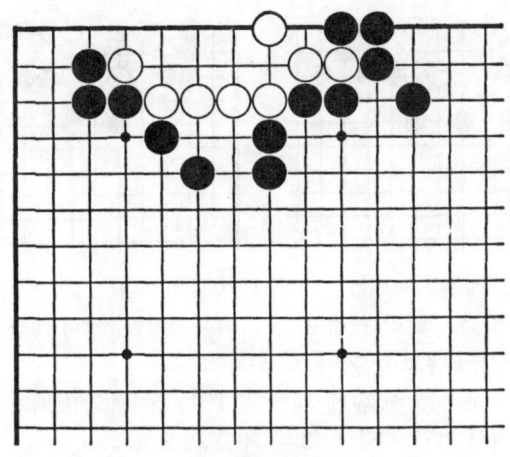

제78문

백이 먼저 둘 때

백의 궁도가 그다지 비좁은 편은 아니지만,그래도 삶을 추구하기에는 그리 넉넉한 편이 못된다. 또한 흑의 외세가 튼튼하기 때문에 백은 자체의 세력권 안에서 두 집을 확보하여 삶을 도모하지 않으면 안된다.

여기에서도 가장 중요한 포인트가 되고 있는 것은 첫 착수를 어디에다가 둘 것인가 하는 것이다.

신중한 일착을 생각해 보자.

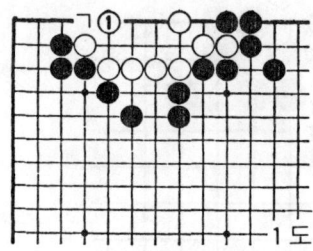

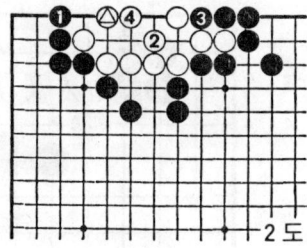

1 도

2 도

1 도 (정석) 이런 경우 백 1 이 올바르다.

백 1 로 호구벌리는 것이 가장 효과적이다. 백 1 대신 백ㄱ 에 내려서면 4 도가 되어 실패다.

2 도 (계속) 백△에 대해 흑 1 로 공격해오면 백 2 로 산 다. 여기서 백은 다음에 3 과 4 를 맛보기로 삼는다.   흑이 두점을 때려도 백은 되때릴 수 있어 불만이 없다.

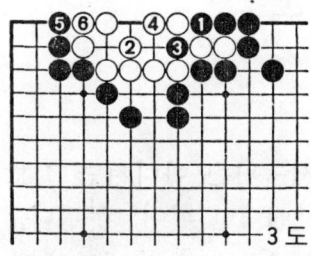

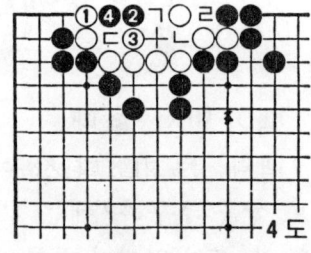

3 도

4 도

3 도 (올바른 수)   2 도의 흑 1 로는 그림의 흑 1 에 두는 것이 올바르다. 백 2 이하 6 까지는 필연적이며 2 도보다 흑 은 두집 이익이된다.

4 도 (실패) 백 1 에 내려설 경우 흑 2 위 뛰어듦수를 당 해 백 3, 흑 4 여서 두집을 확보하지 못한다. 이 다음 백ㄱ 에 두어도 흑ㄴ, 백ㄷ, 흑ㄹ이다. 또 이 백 3 으로 ㄱ에 두 어도 흑 3 으로 그만이다.

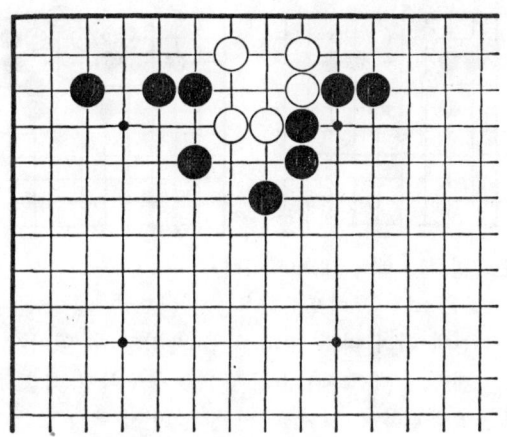

제79문

백이 먼저 둘 때

백이 두 집을 확보하여 삶을 도모한다는 것은 그리 쉬운 일이 아니다.

여기에서도 첫 착수를 잘 두어야 한다.

수읽기의 힘을 이용하여 경과도를 그려 본다면 누구나 다 쉽게 수를 찾을 수 있을 것이다.

집을 짓는 수순을 염두에 두고 한 수 한 수를 신중히 착수하기 바란다.

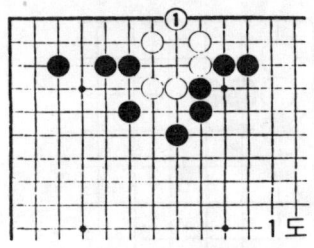

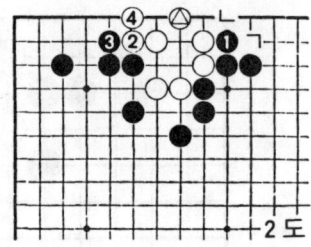

1도 (정석) 백 1이 정석이다.

이 모양은 얼핏 보아도 '좌우동형'이므로 '중앙에 수가 있다'는 격언에 따라 바로 1의 곳을 생각할 수 있어야 한다.

2도 (계속) 백 ◯에 대해 흑 1로 응수하면 백 2로 뻗는다. 흑 3, 백 4하여 두 집을 만든다. 먼저 흑 1로 2에 두면 백 1, 흑ㄱ, 백ㄴ이다. 왼쪽과 오른쪽을 맞보므로 백은 만족이다.

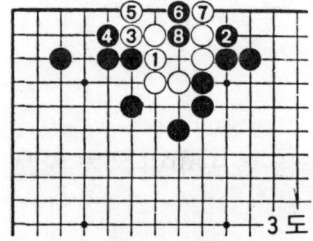

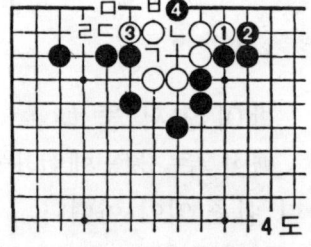

3도 (전멸) 이처럼 백 1로 이으면 궁도가 넓어져서 좋을 것 같지만 흑 2로 밀면 백 3, 5로 내려서도 흑 4, 6하면 하나의 집밖에 만들지 못해 죽는다.

4도 (실패) 백 1, 3도 흑 2, 4로 실패다. 백ㄱ 이하 흑ㅂ이 되어 흑의 뛰어듦수가 성공이다. 이것은 4의 곳이 급소이기 때문이다.

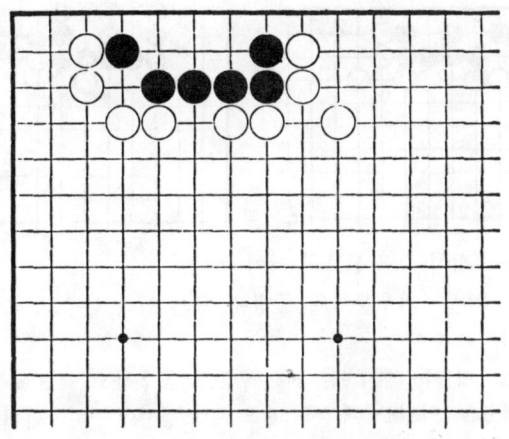

제80문

흑이 먼저 둘 때

흑선으로 윗변에서 두 집을 확보하여 삶을 도모
할 수 있느냐 하는 것이 이 문제의 주요 안건이다.

여기에서도 첫 착점이 중요하다.

한눈에 수를 알 수 있으리라고 생각된다.

수읽기의 힘을 이용하여 정확한 수순을 밟도록
하자.

흔히 쉬운 문제에서 곧잘 실패하는 경우를 보게
되는데, 이는 바로 소홀히 하기 때문이다.

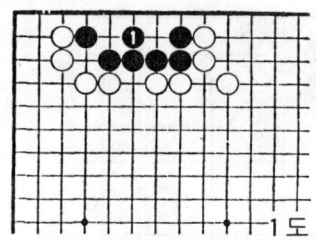

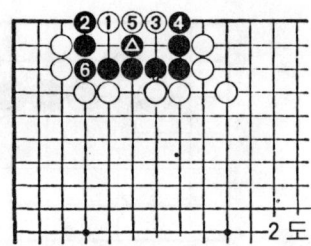

1도 (정석)　흑1로 두어야 한다.

이것 역시 '좌우동형의 중앙에 수가 있다'는 격언에 따른 것이다.

2도 (계속)　백1에 대해 흑2로 응수하고 백3에는 흑4, 백5로 이었을 때, 흑 6으로 보강하여 빅이 되어 산다. 흑6을 손빼어 백6을 당하면 살지 못한다.

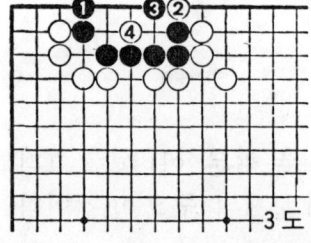

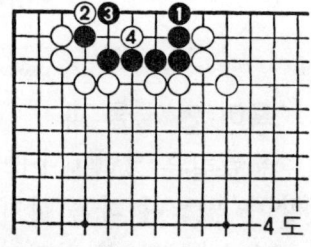

3도 (실패)　흑1의 곳에 내려서서 무조건 궁도를 넓히면 백2의 젖힘수를 당해 흑3으로 단수해도 백은 이를 외면하고 4로 뛰어들어 흑은 실패한다.

4도 (전멸)　이번에는 오른쪽에 흑1로 내려서는데 역시 백2로 젖혀두고 흑3으로 응수하면 백4로 뛰어들어 3도와 마찬가지가 된다. 이것은 4의 곳이 사활의 급소이기 때문이다.

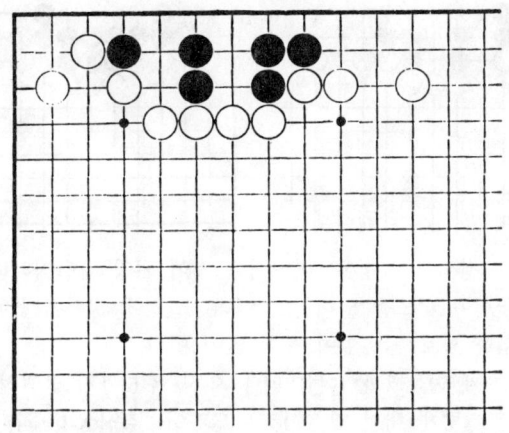

제81문

흑이 먼저 둘 때

이 그림은 그다지 어려운 문제는 아니다. 그러나 변에서의 사활에 관한 법칙을 모르고 있으면 결코 쉽게 풀 수가 없는 문제이다.

6사 8생의 바둑 격언을 되새겨 보자. 제 일선에서는 6점이 높여져 있으면 죽고, 8점이 놓여져 있으면 산다고 하는 말의 뜻을 생각해 본다면 누구나 쉽게 이 문제를 풀 수 있을 것이다.

168

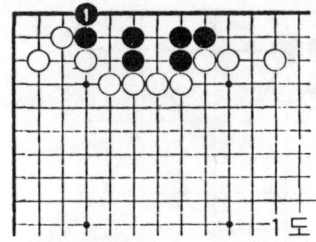
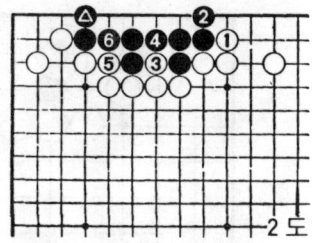

1도 (정석) 흑 1로 내려서는 것이 가장 바람직하다.

이 흑 1이 궁도를 넓히는 수이다. 실전에서는 이렇게 내려서서 집을 확보하는 일이 무척 많이 있다.

2도 (계속) 흑⚫ 다음 백 1 이하 흑 6까지 필연적인 진행이다. 그렇게 해서 만들어진 모양이 '직사궁(直四宮)'이므로 흑은 완전한 삶이다.

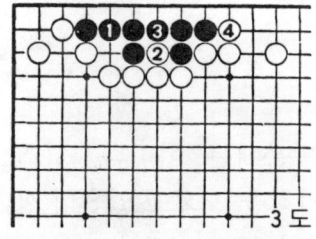
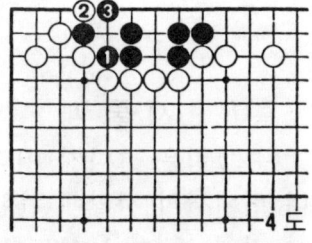

3도 (六死) 잠자코 흑 1로 이으면 백 2, 흑 3, 백 4가 되어 흑은 그대로 죽는다. '육사팔활(六死八活)'이라는 격언 그대로 제 2선의 돌은 여섯점이면 죽는다.

4도 (패) 흑 1에 두면 백 2로 젖혀와 흑은 이을 수가 없으므로 3의 패로 저항할 수밖에 없다. 무조건으로 살 수 있는 돌을 패로 만들어서는 실패다.

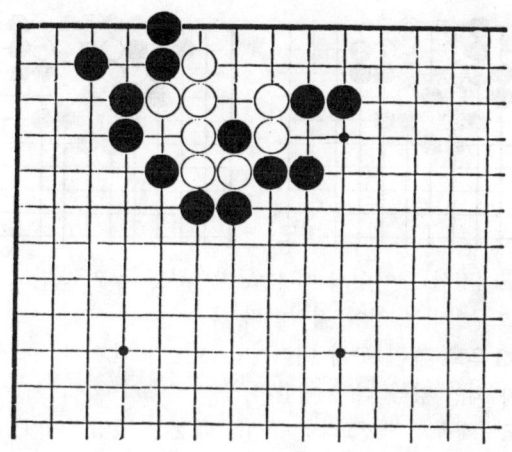

제82문

백이 먼저 둘 때

혹에게 둘러싸인 백이 과연 두 집을 확보하고 삶을 도모할 수 있을까?

백으로서 우선 한 집은 확보하고 있으나, 나머지 한 집을 더 확보하기에는 궁도가 너무 좁다.

이 문제를 자신있게 풀 수 있는 사람은 그 실력이 대단하다고 할 수 있을 것이다.

이 문제 역시 수읽기의 힘을 필요로 한다.

차분한 한 수를 생각해 보자.

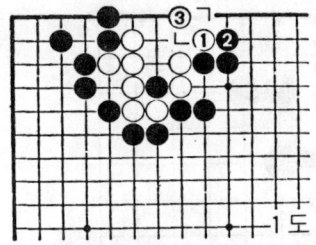

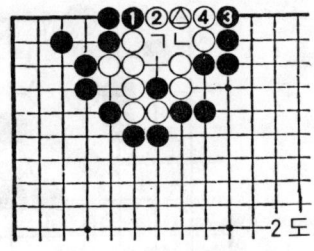

1 도 (정석) 이렇게 백 1 로 착수하면 흑 2 로 받고 백 3
으로 호구벌리는 것이 정석이다.

이 3 으로 ㄱ의 곳에 내려서면 3 도가 되고 ㄴ을 이으면
4 도가 되어 양쪽 다 실패한다.

2 도 (계속) 백 ⓐ 라면 흑 1, 백 2 는 필연적이다.   계속
해서 흑 3 일 때 백 4 가 묘수여서 흑ㄱ에 두어도 백ㄴ이 있
어 흑은 잇지 못하므로 백은 살 수 있다.

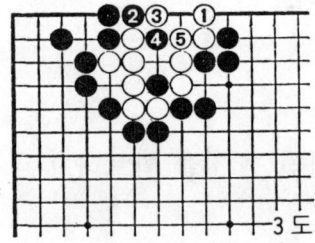

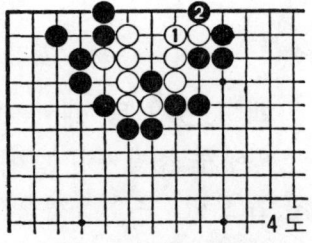

3 도 (패) 백 1 로 내려서는 수는 흑 2 일 때 백 3 으로 막
을 수 밖에 없으므로 흑 4, 백 5 로 패싸움이 되어 버린다.
1 도의 삶과 비교하면 커다란 차이다.

4 도 (실패) 그림의 백 1 로 이으면 실패다.

흑 2 로 젖혀와서 이 다음 백은 두 집을 확보하지 못한다.

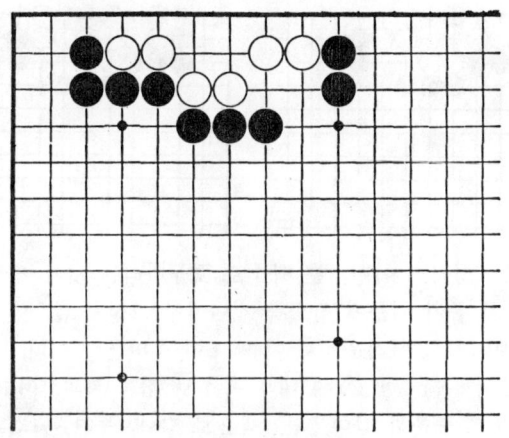

제83문

백이 먼저 둘 때

백이 두 집을 짓기 위해서는 어떻게 해야 하는가?

이 문제는 실전에서도 자주 나타나는 문제이므로 잘 기억해 두자.

여기에서도 백의 첫 착수가 문제가 된다. 소홀히 생각하면 실패하게 되므로 신중을 기하여 급소를 짚어야 한다.

변에서 사는 법을 생각해 보자. 그리고 적정한 수를 찾아 보자.

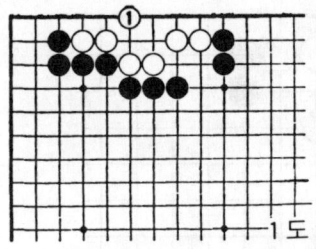

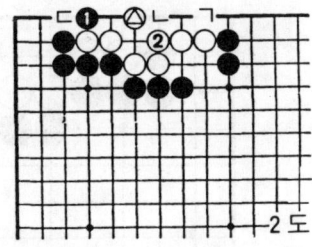

1 도 (정석) 이런때는 백 1로 호구벌리는 것이 정석이다. 궁도가 좁기 때문에 급소를 찾아야지 그렇지 않으면 두 집을 확보하기가 어려우므로 이 백 1이 올바른 것이다.

2 도 (계속) 백⚪에 대해 흑 1로 집을 파괴하려고 덤벼도 백 2로 충분히 산다. 단, 백 2로 ㄱ에 두면 흑ㄴ, 백 2, 흑ㄷ이 되어 살지 못한다.

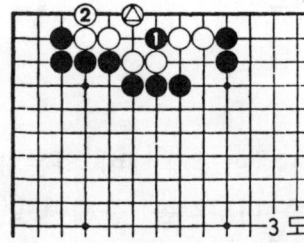

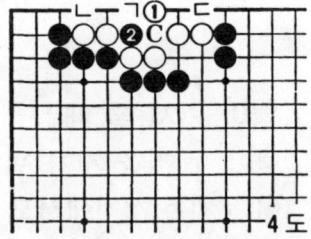

3 도 (변화) 2 도에서는 가볍게 두 집을 확보하였으므로 흑 1로 집을 파괴하려고 해도 백 2로 역시 가볍게 살게 되는 것이다.

4 도 (실패) 같은 호구벌림이라도 이렇게 백 1에 두면 즉시 흑 2로 끊어와 백은 모두 죽는다. 다음 백ㄱ 이하 흑ㄹ이 된다.

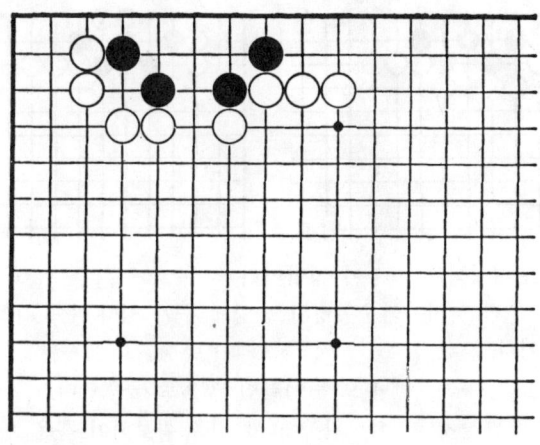

제84문

흑이 먼저 둘 때

바둑의 격언에 '좌우동형(左右同形)의 중앙에 수가 있다'라는 말이 있다. 이 말은 하나의 세력에 있어서 왼쪽과 오른쪽의 모양이 같은 경우에는 그 중앙에 급소가 있다는 말이다. 이 격언은 이 문제에도 해당이 된다. 지금 흑의 모양이 왼쪽과 오른쪽이 같은 마늘모 벌림으로 놓여져 있기 때문이다.

174

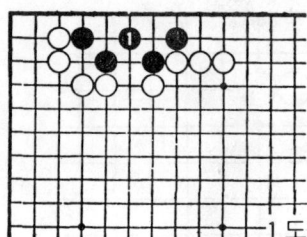
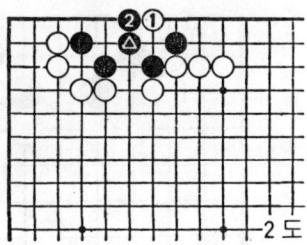

1 도 (정석) 흑 1 이 정답이다.

이 문제 역시 '좌우동형의 중앙에 수가 있다'는 격언 그 대로이다.

2 도 (계속) 백 1 로 뛰어들면 흑 2 로 응수한다. 이렇게 하면 오른쪽에 한 집, 왼쪽에 한 집을 확보하여 흑은 완전히 산다. 흑 ▲ 가 모양의 급소이다.

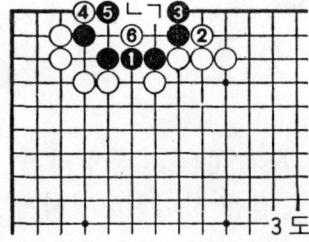
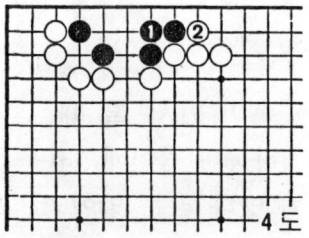

3 도 (전멸) 흑 1 로 이으면 스스로 죽음을 초래하는 결과가 된다.

백 2 로 막았을 때 흑 3 으로 늘면 백 4 , 6 하여 전형적인 뛰어듦수가 성립한다. 흑 3 으로 6 에 두어도 백ㄱ, 흑 3 , 백 5 , 흑 4 , 백ㄴ으로 살지 못한다.

4 도 (실패) 흑 1 로 잇는것은 실패다. 백은 역시 2 로 수비하며 이 다음 흑은 두 집을 확보하지 못해 죽는다.

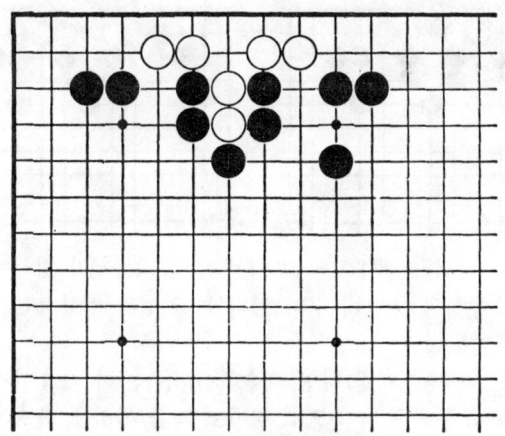

제85문

백이 먼저 둘 때

백선으로 과연 두 집을 확보하여 삶을 도모하는 것이 가능할까?

이 백의 모양을 잘 살펴 보자.

이 모양 역시 완전한 좌우동형(左右同形)의 모양이다.

그렇다면 이 그림 역시 중앙에 수가 있다는 애기가 된다.

바둑의 격언대로 중앙에서 수를 찾아 보자.

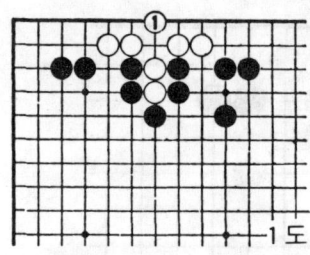 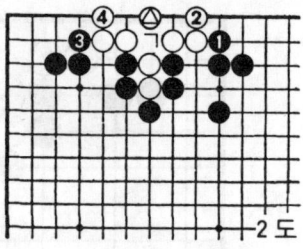

1도 (정석) 백1로 가운데로 뛰어드는 것이 정석이다.

'좌우동형의 중앙에 수가 있다'는 격언의 전형적인 문제이다.

2도 (계속) 백△라면 계속해서 흑1이하 백4까지이다. 중앙의 백 두점은 흑ㄱ으로 잡아도 백은 한점을 되때리므로 충분히 집을 만들 수 있다.

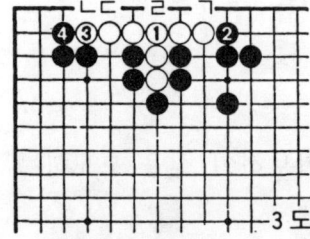 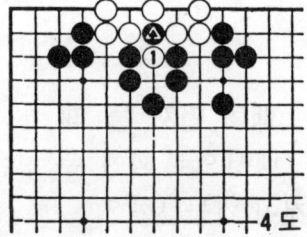

3도 (실패) 백1로 이어서는 실패다.

계속해서 흑2, 백3, 흑4가 되면 이것은 제2선을 여섯점으로 긴 것이므로 '육사팔활(六死八活)'의 '육사'에 해당되어 죽는다. 백ㄱ에 두어도 흑ㄴ, 백ㄷ, 흑ㄹ까지이다.

4도 (여유) 2도의 ㄱ(4도●)로 백 두점을 때린 모습이다. 여기서는 항상 백1로 되때릴 수 있으므로 백에게 여유가 있어 살 수 있다.

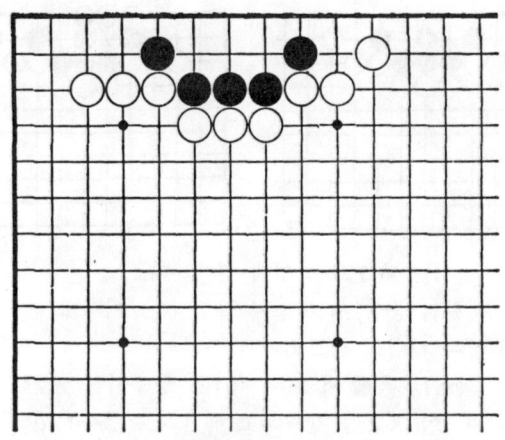

제86문

흑이 먼저 둘 때

이 모양도 역시 한눈에 좌우동형(左右同形)임을 알 수가 있다. 따라서 이 문제의 해답은 중앙을 떠나서는 생각할 수 없다.

바둑의 격언대로 중앙에서 수를 찾도록 해보자.

비교적 쉬운 문제이지만 그렇다고 소홀하게 다룬다면 실패하기가 쉽다. 수읽기를 한 후에 차분한 착수를 시도해 보자.

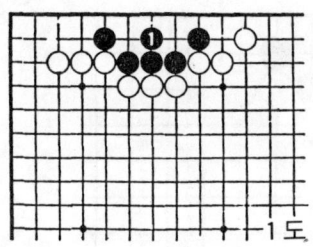 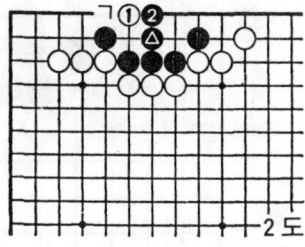

1도 (정석) 흑1로 중앙에 뛰어든다.

'좌우동형의 중앙'인 흑1이 급소이다. 이렇게 하면 좌우 양쪽에 집이 하나씩 확보되어서 산다.

2도 (계속) 흑▲에 대해 백1로 응수하면 흑2가 중요한 수이다. 이 흑2를 생략하고 흑ㄱ으로 응수하면 3도와 같이 되어 실패다.

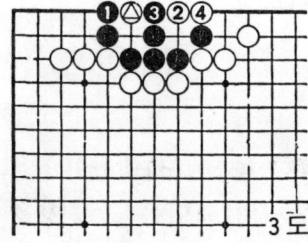 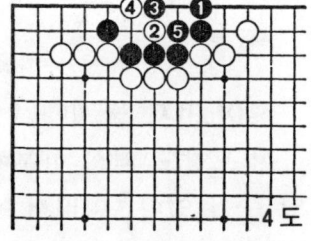

3도 (실패) 백△를 흑1로 잡으려고 하면 백2로 뛰어 어쩔수 없이 흑3에 둘 수 밖에 없으므로 백4로 나가 흑은 살지 못한다.

4도 (패싸움) 흑1로 내려서서 '빗(櫛)형'의 삶을 생각해서는 백2로 급소에 뛰어 들어 흑3 이하 흑5의 패가 되어 버린다.

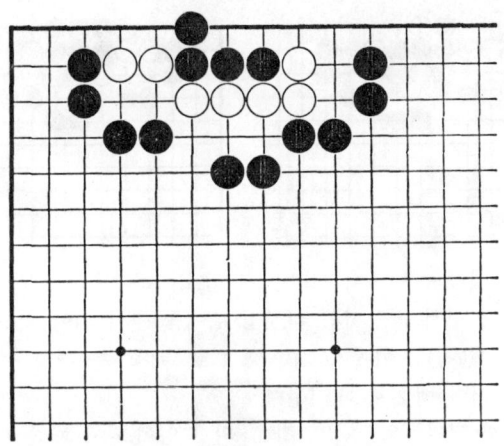

제87문

백이 먼저 둘 때

상당히 재미있는 문제이다. 흑의 세력권에 들어 있는 백 7점은 다시 품안에 흑의 특공대 4점을 부담으로 안고 있는 실정이다.

또한 백은 두 점과 다섯 점이 서로 끊어질 위험에 직면해 있다.

백은 이러한 제반 문젯거리를 하나 하나 해결해 나가지 않으면 안된다.

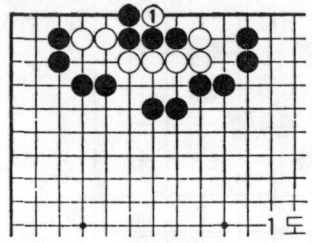 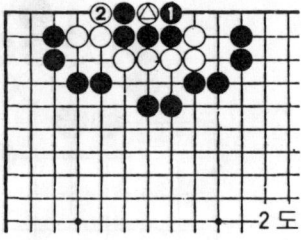

1도 (정석) 백1이 정석으로 급소이다.

혹1에 먼저 착수하면 다섯집 뛰어듦 수가 되어 버린다.

2도 (계속) 이렇게 되면 혹1로 백△를 때릴 수밖에 없
으며 그러면 백2로 내려선다.

이렇게 되면 '오궁도(五宮圖)'의 모양이 되어 때린 자리에 뛰
어들지 못하게 된다

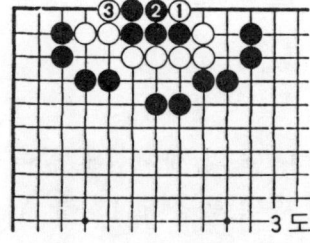 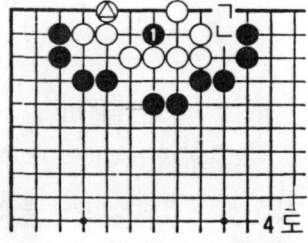

3도 (죽음) 백1로 젖혀두면 혹2를 당해 백은 살지 못
한다.

이 혹 다섯점을 백3으로 때려도 ―

4도 (계속) 백△로 혹 다섯점을 때려도 혹1로 뛰어들
면 집이 하나뿐이다. 오른쪽은 백ㄱ이면 혹ㄴ, 또 백ㄴ이면
혹ㄱ이 있어 집을 만들지 못해 죽는다.

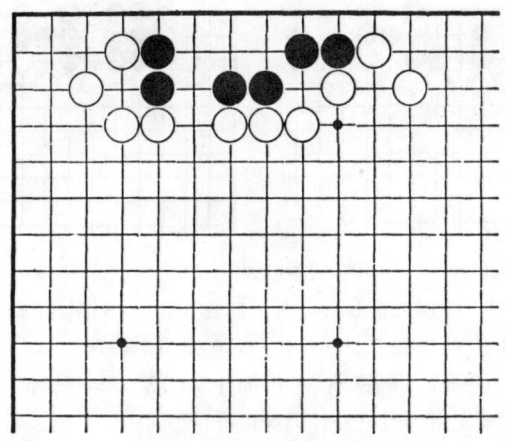

제88문

흑이 먼저 둘 때

이 그림은 그다지 어려운 문제가 아니다. 그러나 결코 소홀히 할 수 없는 문제이기도 하다.

실전에서도 자주 나타나는 문제이므로 철저하게 익혀 둘 필요성이 있다.

집을 짓는 묘맥을 잘 익혀두는 것도 기력(棋力) 향상에 큰 도움을 줄 것이다.

자, 그렇다면 올바른 수순은? 멋진 일착을 노려 보자.

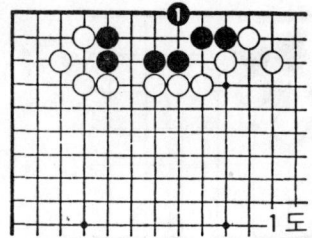
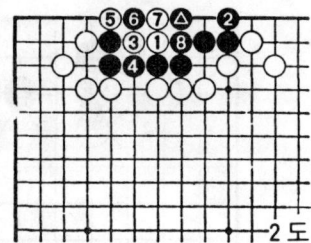

1 도 (정석) 흑 1 이 올바르다.

지금까지 여러 문제도에서도 그랬었지만, 이렇게 호구벌리는 것이 이와같은 모양에서는 매우 중요하다.

2 도 (계속) 흑 ●에 대해 백 1 로 집을 파괴하려고 해도 흑 2 로 오른쪽에서 먼저 집 하나를 확보한다. 백 3 에서 5 로 넘어가려고 해도 흑은 6 으로 먹여쳐 '연단수'로 살아난다.

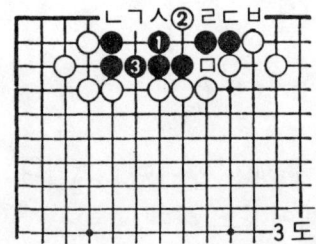
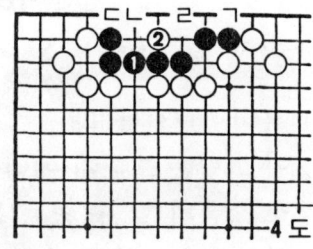

3 도 (위험) 흑 1 은 매우 위험하다. 왜냐하면 백 2 로 뛰어들어 흑 3 정도인데 이 다음 백에서 ㄱ에 두면 흑ㄴ 이하 백ㅅ의 공격이 있기 때문이다.

4 도 (실패) 흑 1 도 악수이다. 백 2 로 급소에 뛰어들면 이 다음 흑ㄱ에 두어도 백ㄴ 이하 백ㄹ로 두 집을 확보하지 못한다.

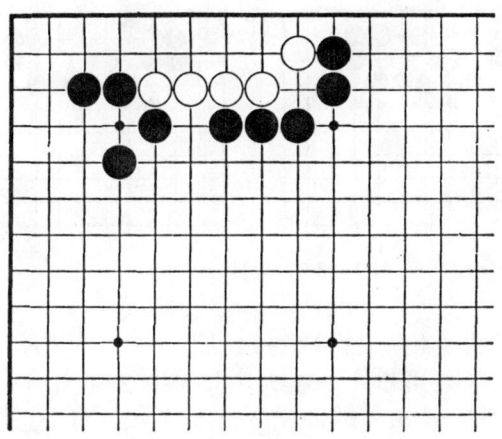

제89문

백이 먼저 둘 때

백집을 만들기에는 매우 엉성한 느낌이 든다. 그러나 어쨌든 두 집을 확보하지 않으면 안되는 게임이다.

물론 백이 살 수 있는 방법은 한두 가지가 있다. 그 중에서 보다 효과적인 방법을 택하여 삶을 도모하지 않으면 안된다.

그림을 통해 볼 때, 첫 착수는 왼쪽부터 시작하여야 할 것 같은데 과연 어떻게 두어야 할까?

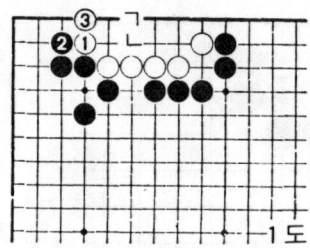 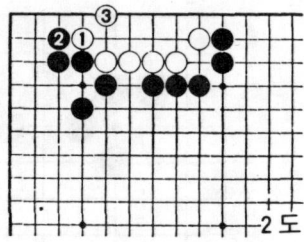

1 도 (정석) 백1, 3이 정석이다.

여기서 흑ㄱ으로 뛰어드는 것은 제76문과 같다. 흑ㄴ에 두면 백이 완전히 살아버린다는 것은 이미 알고 있을 것이다.

2 도 (다른 방법) 그림과 같이 백1, 3에 두어도 살며, 원본에서는 이것을 정석으로 삼고 있다. 1도와 2도를 비교해서 무엇때문에 1도가 이익인가를 알아보도록 한다.

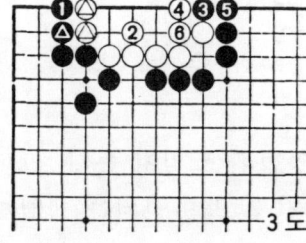 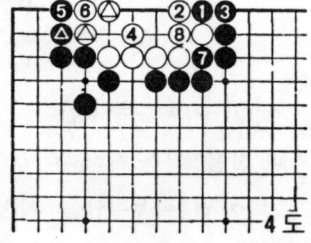

3 도 (5집) 1도의 다음 진행은 흑1, 백2이하 백6까지가 예상된다. 이렇게 되면 백은 다섯집이 되고 흑은 좌우 양쪽에 선수로 내려설 수 있다.

4 도 (4집) 2도의 다음은 흑1, 백2이하 백6까지이다. 그리고 흑7로 백8을 강요하므로 백은 4집밖에 되지 않아 3도에 비해 손해다.

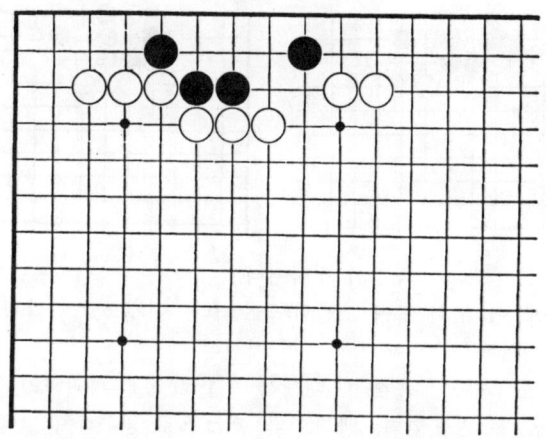

제90문

흑이 먼저 둘 때

이 문제 역시 그다지 어렵지 않은 문제이다.

여기에서는 무엇보다도 수순이 문제가 된다. 수순이 잘못되면 결과가 엉뚱하게 나타난다.

따라서 먼저 수읽기를 한 연후에 착수를 시도하지 않으면 안된다.

어떻게 두어야 할까 ?

신중한 선택을 필요로 하는 곳이다.

적정한 수를 찾아 보자.

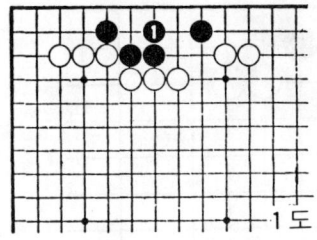
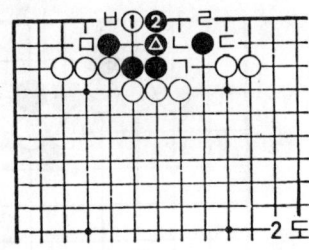

1도 (정석) 흑1이 정석이다.

바로 이 1의 곳이 모양의 급소이다. 이것으로 확실하게 좌우양쪽에 각각 한 집씩 만들어진다.

2도 (계속) 흑●에 대해서 백1로 집을 파괴하려고 하면 흑2로 응수한다. 백ㄱ이하 흑ㅂ으로 응수하여 결국 두 집이 만들어져 살게 된다.

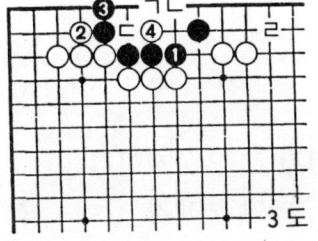
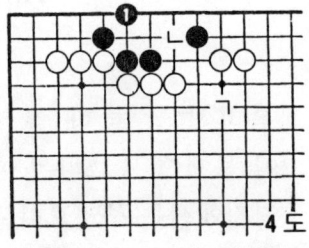

3도 (위험) 흑1로 궁도를 넓히면 백2, 흑3 다음 백4의 붙임수가 있어 흑ㄱ, 백ㄴ, 흑ㄷ의 패가 되어 버린다. ㄹ에 뛰는 수는 있지만—

4도 (엷음) 흑1로 호구벌려도 살기는 하지만 백ㄱ등으로 두면 백ㄴ의 곳에 건너붙이는 수가 성립한다. 이처럼 뒷맛이 좋지 않으므로 역시 1도가 정석이라는 것을 알 수 있다.

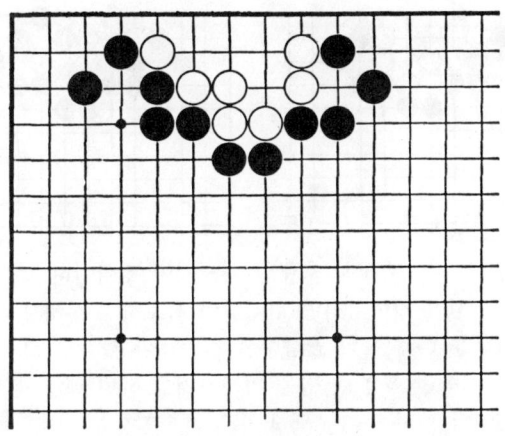

제91문

백이 먼저 둘 때

그다지 어렵지 않은 문제이다. 그러나 결코 소홀히 해서는 올바른 해답을 찾아낼 수가 없을 것이다.

실전에서 자주 나타나는 문제 중의 하나이다.

이러한 유형의 문제들은 모두 실전의 대국에서 자주 응용되는 문제이므로 철저히 알아두는 것이 좋을 것이다.

첫 착수에 주의를 기울여야 한다.

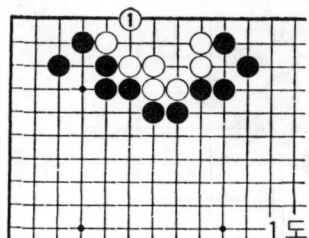

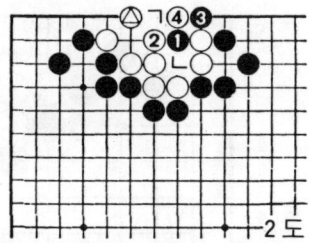

1도 (정석) 백1로 호구벌리는 것이 정석이다.

왼쪽 한점이 잡혀버리면 한집밖에 확보하지 못하므로 여기서는 최선을 다해 흑의 끊음수를 방지해야 할 것이다.

2도 (계속) 흑1로 집을 파괴하려고 하면 백2가 준비되어 있어서 이하 흑3, 백4가 된다. 흑ㄱ일 경우 백ㄴ의 연단수로 산다.

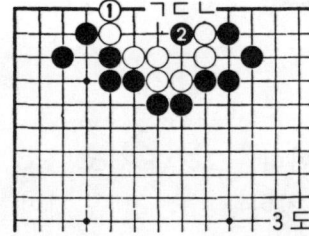

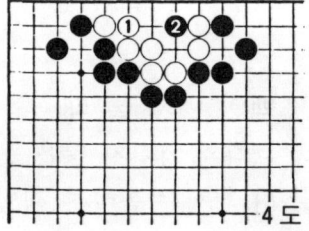

3도 (실패) 백1로 내려서면 흑2에 백ㄱ, 흑ㄴ, 백ㄷ 이하 어려운 변화가 예상된다. 1도라면 무조건 사는데 이렇게 패가 되어서는 실패다.

4도 (전멸) 백1로 꽉잇는 것도 흑2의 급소를 당해 실패다. 결국 백은 1도의 호구벌리는 수 외에는 살지 못한다는 것을 알 수 있다.

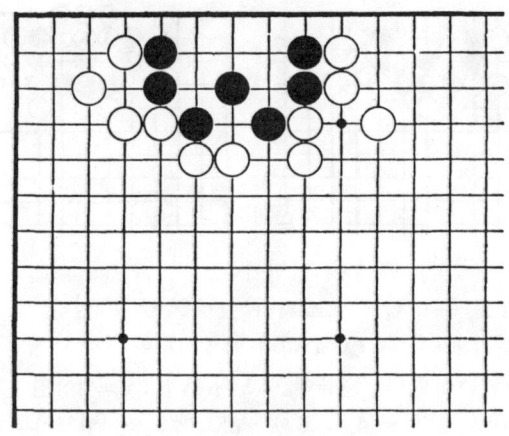

제92문

혹이 먼저 둘 때

이 모양은 좌우동형에 수가 있다는 격언과는 약간 차이를 두고 생각해야 한다.

이 문제에서는 일반적인 바둑의 법칙이 안고 있는 정석의 수를 찾아야 한다.

이 문제에서 일반적인 정석의 수라고 함은 다른 특별한 뜻이 있는 말이 아니라 자기의 약점을 보강하고 상대방의 급소를 찌른다는 것을 의미하는 말이다.

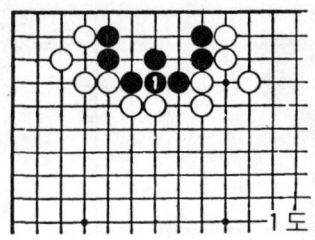
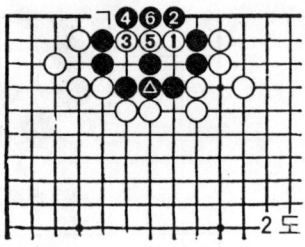

1도 (정석) 흑 1 이 정답이다.

흑 1 로 두지 않으면 실패라는 것을 알 수 있다.

2도 (계속) 흑 ⬤ 에 대해 백 1 이라면 흑 2 로 받고 백 3
이면 흑 4 에 둔다. 다음에 백 5 와 흑 6 을 교환하면 이것은
빅이 되어 산다. 흑 4 로 5 에 두면 백 5 로 넘어가므로 흑의
실패이다.

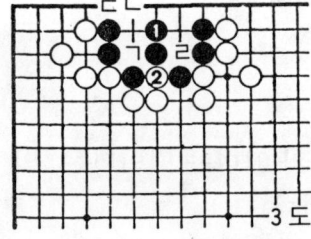
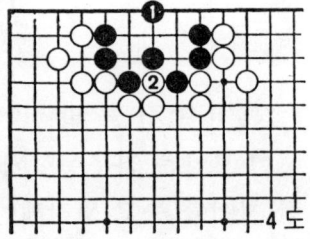

3도 (실패) '좌우동형의 중앙'이라고 해서 흑 1 에 두면
백 2 를 당해 전멸이다. 이 다음 흑ㄱ에 두어도 백ㄴ, 흑ㄷ
백ㄹ까지여서 두 집을 만들지 못해 실패다.

4도 (실패) 흑 1 도 백 2 를 당해 죽는다.

'좌우동형'이므로 중앙에 수가 있는 것은 틀림없는데 여기
서는 2 의 곳이 살수 있는 유일한 길이여서 그 외에 두면 살
지 못한다.

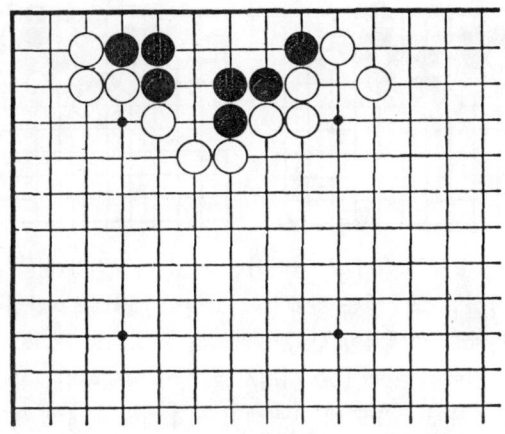

제93문

흑이 먼저 둘 때

이 문제는 그다지 어려운 문제가 아니므로, 어지간히 수읽기를 할 수 있는 사람이라면 충분히 문제의 해답을 찾아낼 수 있을 것이다.

똑같은 삶을 살더라도 흑은 백을 견제하면서 자신에게 이로운 쪽의 수를 선택하지 않으면 안된다.

이 문제에서도 수순이 무엇보다 중요하다.

올바른 수순을 찾아 보자.

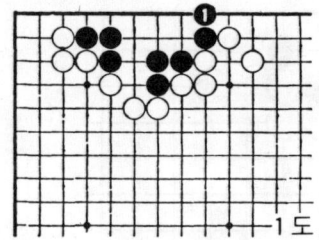
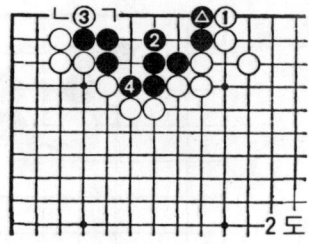

1 도 (정석) 흑 1 로 내려서는 것이 바람직하다. 사는 수
가 두가지일 경우에는 앞에서도 설명한 것처럼   한집이라도
이익인 쪽을 선택해야 한다.

이 모양에서는 흑 1 로 내려서는 것이 이익이다.

2 도 (계속)   1 도에 계속해서 백 1 이하 흑 4 까지 예상되
며 여기서 흑집은 흑ㄱ, 백ㄴ이 흑의 권리여서 여섯집이라
고 계산하면 되겠다.

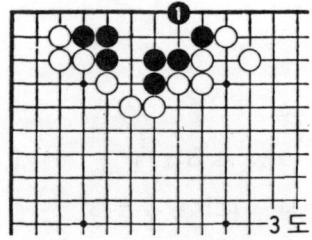
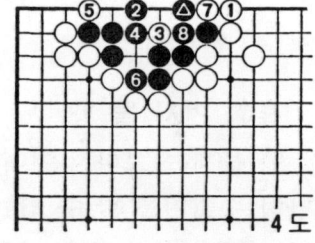

3 도 (다른 방법) 흑 1 로 호구 벌려도 사는데 원본에서
는 이 수를 정석으로 다루고 있다. 하지만 이렇게 흑 1 에 두
면 흑집은 다음과 같이 된다.

4 도 (두집 손해) 3 도와 같이 흑●일 경우 백 1 이하 흑
6 까지 되므로 흑은 넉집이다. 결국 1 도보다 두 집이나 손
해를 볼 것이다.

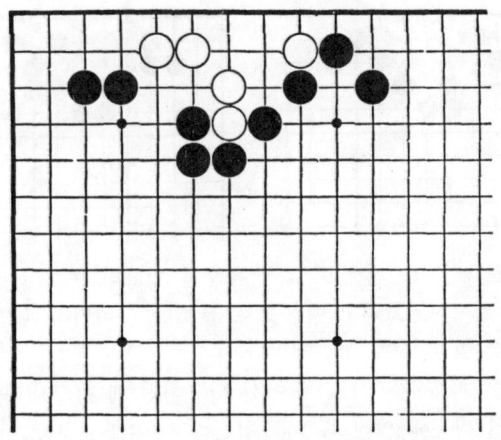

제94문

백이 먼저 둘 때

백의 궁도를 볼 때, 두 집을 확보하기에는 그리 쉽지 않을 것 같다.

언뜻 보면 백돌이 너무 엉성하게 놓여져 있기 때문에 삶이 불가능할 것처럼 생각되어질 수도 있을 것이다.

그러나 이 속에도 수는 있다. 신중히 생각하여 한 수 한 수를 적정하게 둔다면 충분히 문제를 풀어나갈 수 있을 것이다.

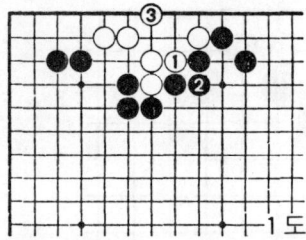

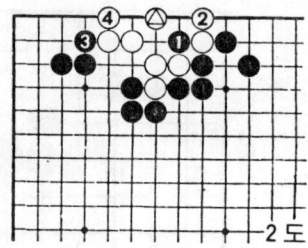

1 도 (정석) 백 1 로 끊어 흑 2 를 강요하는 것이 정석의
제 1 단계이다. 그리고 백 3 으로 급소를 수비하면 좌우 양쪽
에 각각 집 하나씩 만들어진다.

2 도 (계속) 흑 1 로 끊어서 단수하면 백 2 로 내려선다.
백 △ 의 작용에 의해 흑 1 을 잡는다. 흑 3 으로 막으면 백 4
로 늘어 가볍게 산다.

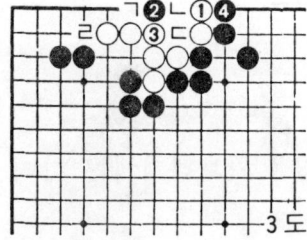

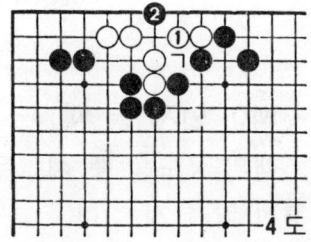

3 도 (실패) 올바르게 1 도의 백 1 을 두었다해도 이렇게
백 1 로 내려서면 흑 2 로 뛰어들어 실패한다. 백 3 에 두어
도 흑 4 로 받고 백 ㄱ 이하 흑 ㄹ 이 된다.

4 도 (죽음) 백 ㄱ 이 선수로 듣고 있는데도 불구하고 그
것을 보류하고 백 1 로 두면 흑 2 로 급소에 뛰어들어 백은 그
대로 죽는다.

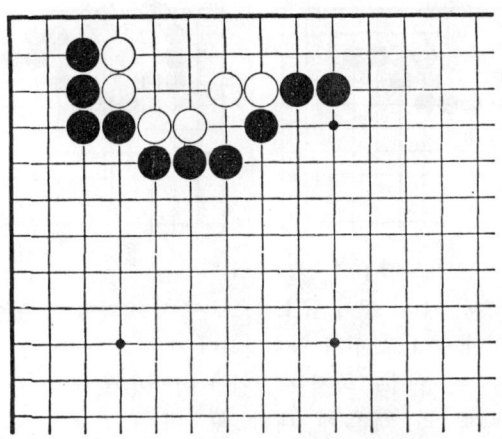

제95문

백이 먼저 둘 때

이 문제 역시 정석으로 해결하는 것이 바람직하다.

실전에서도 자주 응용되는 문제이므로 철저하게 기억해 두도록 하자.

여기에서도 수순이 중요하다.

수읽기의 힘을 이용하여 경과도와 결과도를 머릿속에 그려보고 신중하게 착수를 시작하도록 하자.

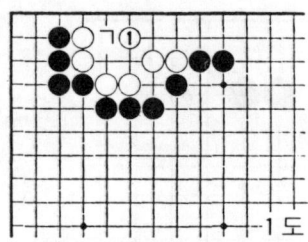
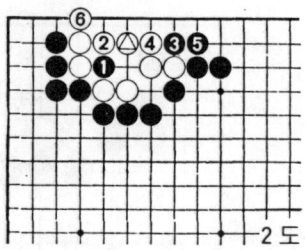

1 도 (정석) 백 1 이 정석이다.

이 모양은 1 의 곳이 급소이므로 즉시 생각할 수 있어야 한다. 그러나 흑 1 로 먼저 착수당하면 백은 매우 난처해진다. 또 백 1 로 ㄱ에 두어도 죽지는 않지만 뒷맛이 좋지 않다.

2 도 (계속) 백△에 대해 흑 1 이라면 백 2, 흑 3 에는 백 4 와 흑 5 를 교환하고 나서 백 6 으로 완전히 산다.

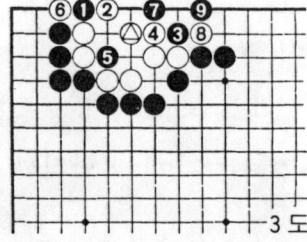
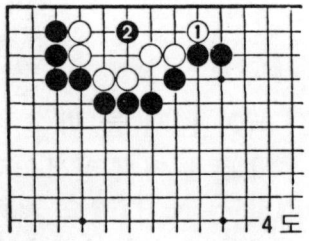

3 도 (나쁨) 백△에 대해 흑 1, 3 으로 젖혔을 경우의 백 4 로 막는 것은 위험하다. 이하 흑 5, 7 의 비상수단이 있어서 백 8, 흑 9 로 패가 된다. 백 4 의 수로 7 에 두었어야 했다.

4 도 (급소) 백 1 로 두면 흑 2 로 뛰어들어 공격할 것이다. 여기가 모양의 급소이므로 흑에게 선착당하면 백은 곤란하다.

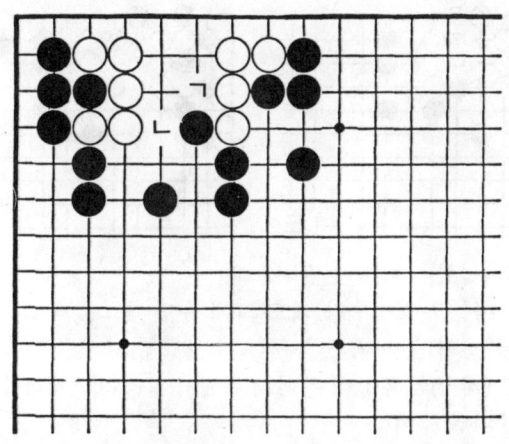

제96문

백이 먼저 둘 때

이 모양에서는 백이 두 집을 확보하기가 상당히 어렵다. 만약 이 문제를 막힘없이 풀 수 있는 사람이라면 상당한 실력의 소유자임에 틀림없다 하겠다.

이 문제는 단순한 착수가 통하지 않는다.

만약 백이 ㄱ에 둔다면 혹은 ㄴ에 착수함으로써 백의 삶에 쐐기를 박을 것이다. 이렇게 되면 재미가 없다.

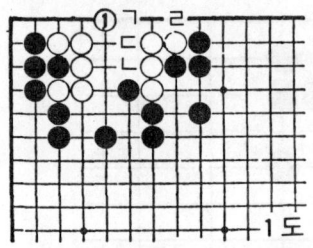 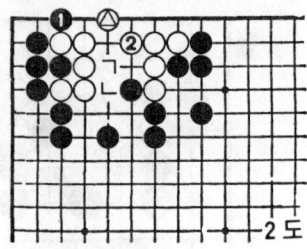

1 도 (정석)   백 1 이 올바르다.

같은 마늘모 붙임수라 해도 ㄱ에 두면 흑ㄴ, 백ㄷ, 흑ㄹ
로 두어 살지 못한다.

2 도 (계속)   흑 1 로 두어 왼쪽에서 집을 파괴하려할 때 백
2 가 준비된 수이다.

흑이 ㄱ에 두어도 백ㄴ으로 응수하여 흑은 이을 수가 없으
므로 백은 두 집을 확보한다.

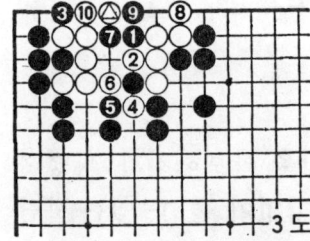 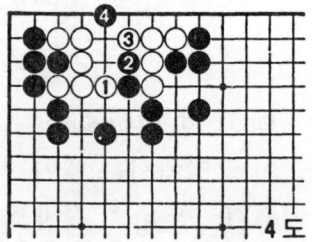

3 도 (변화)   2 도에서 흑이 너무 가볍게 실패 했으므로
먼저 흑 1 로 둔 다음 흑 3 으로 젖혀두면 4, 6 이 되고 흑 7
이면 백 8 하여 빅으로 살 수 있다.

4 도 (실패)   백 1 이하 3 이 되면 흑 4 로 급소에 뛰어들어
백은 그대로 죽고 만다. 이 4 의 곳이 양쪽의 급소가 되는 것
이다.

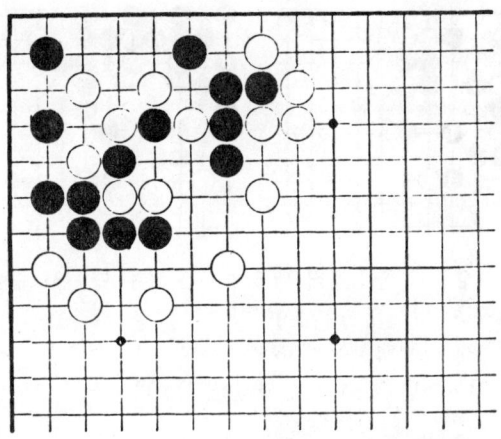

제97문

흑이 먼저 둘 때

꽤 재미있는 그림이다. 흑백이 엇갈려서 용호상박하는 모양을 여실히 나타내주고 있는 장면이다.

여기에서는 흑선으로 백 7 점을 과연 잡을 수 있느냐 하는 것이 문제이다.

현재 백도 만만찮다.

흑으로서는 가장 급선무가 품안에 든 백 7 점이 밖의 백과 연락을 취하지 못하게 단절시키는 일이다. 그런 다음에 수싸움을 벌여야 할 것이다.

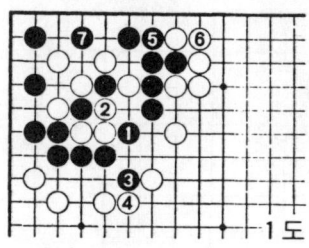
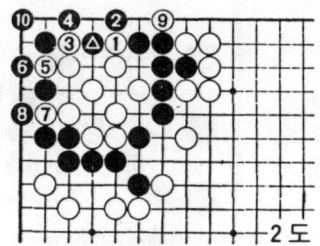

1 도 (정석) 흑 1 이하 백 6 까지는 모두 당연한 수이다.
다음 흑 7 로 넘는 것이 정석이다.

2 도 (계속) 백 1 이하 흑 8 은 모두 외곬수인데   여기서
백 9 로 젖혀두면 흑 10 으로 완전한 삶이다.

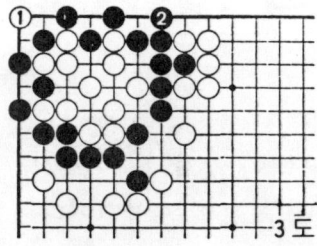
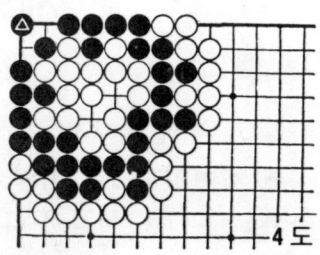

3 도 (변화)   2 도 백 9 에서의 변화다.

2 도의 백 9 로 그림의 백 1 에 두면 흑 2 로 응수해야 한다.
흑 2 를 소홀히하면 백 2 의 젖힘수를 당해 흑은 죽게 된다.

4 도 (결과도) 모든 공배를 메우면 이러한 모양이 이루
어진다. 흑은 '옥집' 뿐이지만 ▲ 에 의해 어렵게 살고 있다.
이러한 것을 '옥집의 삶'이라고 부른다.

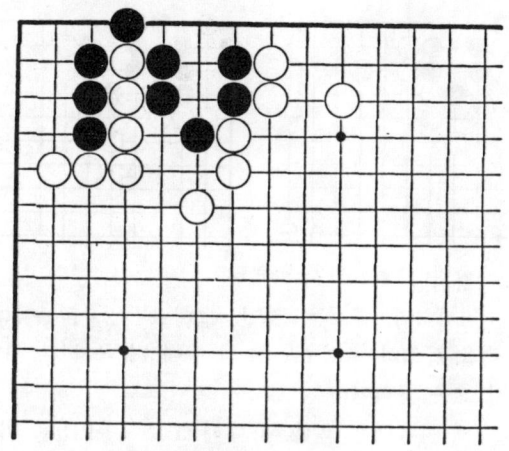

제|98문

흑이 먼저 둘 때

언뜻보면 흑이 두 집을 확보하는 데 매우　낙관적일 것 같다.

그러나 사실은 흑의 헛점이 많기 때문에 귀와 윗변에서 삶을 도모하기란 그렇게 쉽지만은 않다.

귀의 사활에 대한 바둑의 묘를 살려서 삶을　도모하는 것이 가장 현명한 방법이라고 본다.

여기에 반드시 수는 있으므로 보다 신중을　기하여 경과도를 그려 보자.

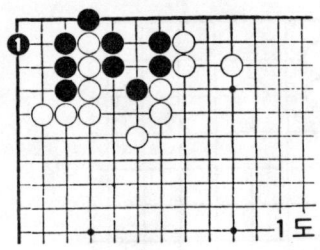 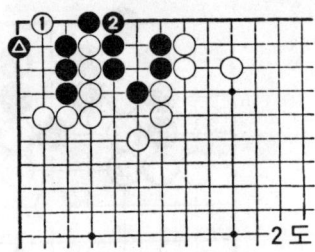

1도 (정석) 흑1이 올바르다.

역시 귀에서의 급소는 격언 그대로 2·1 곳이다. 백이 이 흑을 공격하는 경우도 1의 곳에 '눈목자'로 뛰는 것이 가장 좋은 공격이다.

2도 (계속) 백은 흑▲에 대해 1로 두어 집을 파괴 할 수 밖에 없다. 이 경우 흑2로 꽉 잇는 것이 계속해서 좋은 착수이다.

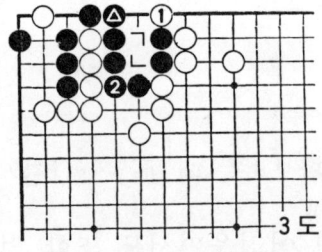 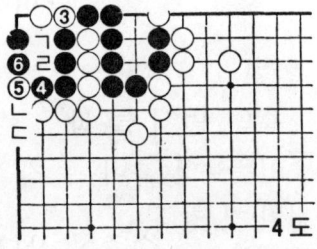

3도 (계속) 흑▲으로 이어 오른쪽에는 집 하나가 만들어졌다. 백1에서 젖혀와도 흑2로 잇고 다음에 백ㄱ에 두어도 흑ㄴ으로 두어 집 하나가 만들어진다. 또, 왼쪽은―.

4도 (계속) 백3으로 끊는 수 외에는 집을 파괴하지 못하는데 흑4로 궁도를 넓혀서 산다. 흑6 다음 백ㄱ은 흑ㄴ 백ㄷ, 흑ㄹ로 백 석점을 따내 여기서도 집 하나가 확보된다.

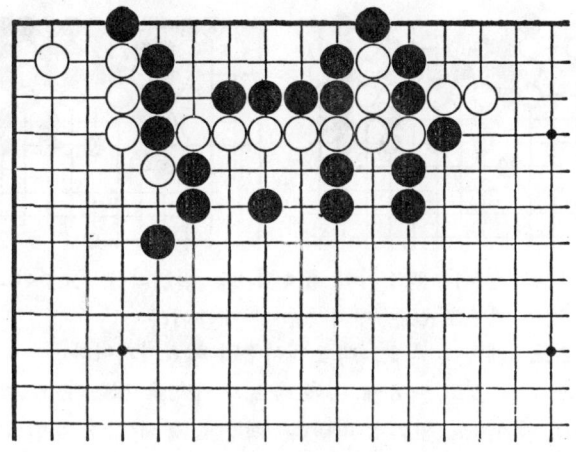

제99문

백이 먼저 둘 때

이 문제는 실전에서 곧잘 이용되고 있는 모양이다.

문제의 수준이 상당히 어려우면서도 또한 멋진 일착을 가능하게 하는 문제이기 때문에 바둑계에서는 이 문제를 사활에 관한 대표적인 문제로까지 생각하고 있을 정도이다.

언뜻 보면 백이 틀림없이 살 수 없을 것 같다.

그러나 여기에 수가 있으니 문제가 되는 것이다.

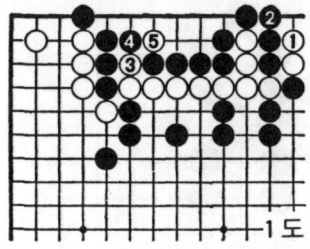
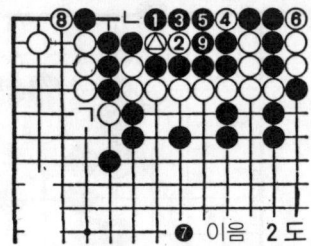

1 도 (정석) 백 1 이하 혹 4 까지는 필연적인 교환이다. 이 경우 백 5 로 끊는 것이 올바른 수순이다.

2 도 (계속) 혹 1, 백 2 에서부터 백 6 까지이다. 다음 혹은 4 로 잇고 백 8 에 대해 혹 9 로 두점을 잡는다. 백은 ⊖로 먹여치고 혹 2 로 따낸다. 백 2 로 4 에 먼저 두면 백 2 일 때 혹ㄱ으로 실패다. 혹 9 로 ㄱ에두면 백ㄴ으로 그만이다.

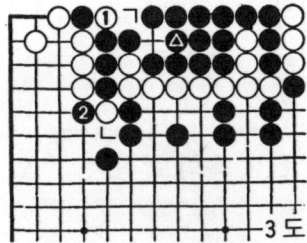
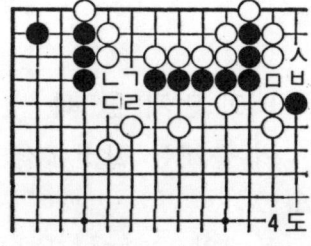

3 도 (계속) 혹●일 때 백 1 로 혹 한점을 따낸다. 다음 혹 2 에는 백 1 로 이어서 혹은 '자충'이 되어서 ㄱ으로 이을 수가 없으므로 혹ㄴ으로 백한점을 잡을 수 밖에 없으므로 백 ㄱ의 연단수로 혹은 끝장이다.

4 도 (발양론) 「발양론」에 수록된 문제로 백ㄴ, 혹ㄷ, 백ㄹ, 혹ㅁ, 백ㅂ, 혹ㅅ이 생략되어 있다.

판 권
본사
소 유

27. 살려고 하지말고 공격하라

2013년 3월 15일 인쇄
2013년 3월 30일 펴냄

옮긴이/ 프로바둑연구회
펴낸이/ 최 상 일
펴낸곳/ 구.진화당(태을출판사)
서울특별시 중구 신당6동 52-107 (동아빌딩내)
등록/1973년 1월 10일(제4-10호)

＊잘못된 책은 구입하신 곳에서 교환해 드립니다.

▪주문 및 연락처

우편번호 ⑴⑼⑼ - ④⑸⑹
서울특별시 중구 신당6동 52-107 (동아빌딩 내)
전화 / 2237-5577 팩스 / 2233-6166
ISBN 89-493-0344-2   13690